Aber ich kann doch gar nicht malen!

Jakobine Wierz

Kunst unterrichten für „Schwarzseher"

Verlag an der Ruhr

Verlag
an der Ruhr

Impressum

Titel: Aber ich kann doch gar nicht malen!
Autorin: Jakobine Wierz
Druck: Druck Thiebes GmbH, Hagen
Verlag: Verlag an der Ruhr
Postfach 10 22 51
45422 Mülheim an der Ruhr
Alexanderstraße 54
45472 Mülheim an der Ruhr
Tel. 0208 – 439 54 50
Fax 0208 – 439 54 239
E-Mail: info@verlagruhr.de
www.verlagruhr.de

© Verlag an der Ruhr 2000
ISBN 978-3-86072-562-7

geeignet für die Altersstufen 5 6 7 8 9 10 11

Gedruckt auf chlorfrei gebleichtes Papier.

Wir sind seit 2008 ein ÖKOPROFIT®-Betrieb und setzen uns damit aktiv für den Umweltschutz ein. Das ÖKOPROFIT®-Projekt unterstützt Betriebe dabei, die Umwelt durch nachhaltiges Wirtschaften zu entlasten.

Inhalt

Inhalt

④ Malen heißt: gemeinschaftlich spielerisch gestalten

⑤ Malen heißt: Gestalten mit Natur- und Alltagsmaterialien

Inhalt

Inhalt

Inhalt

11 Fragen, die Eltern und Lehrer häufig stellen

Aber ich kann **doch gar**
   nicht **malen**

Malen kann jeder!

„Ich würde so gerne malen, aber ich kann es nicht." Wie oft habe ich diese Worte schon gehört. Dabei ist es so einfach! Jeder kann malen! Man muss es sich nur zutrauen! Doch leider wird dem Mut der meisten Menschen zur eigenen Kreativität und malerischen Fähigkeit schon in einem frühen Stadium ein Ende gesetzt.

Der Grund liegt in der perfektionistischen und schablonierten Denkweise unserer Gesellschaft, der das Gestalten nach Schablonen und eingeprägten Symbolen eher entspricht als das freie, kreative, individuelle Tun. So werden oftmals Anforderungen an Kinder gestellt, diese zu leisten sie noch nicht in der Lage sind. Dies stärkt nicht gerade die Persönlichkeit des Kindes.

Hier kann nur Bezug genommen werden auf den kleinen Prinzen von Antoine de Saint-Exupéry, dessen bildnerische Ausdruckslust bereits in frühen Jahre ein Ende genommen hat, weil die Erwachsenen für seine fantasievollen Bilderwelten keinen Sinn hatten.

Betrachtet man die Entwicklung der malerischen Fähigkeiten von Kindern, so wird deutlich, dass diese sich entsprechend der Wahrnehmungsfähigkeit eines Heranwachsenden entwickeln.

So unterscheidet man im Alter zwischen dem 3. und 14. Lebensjahr viele kleine gestalterische Entwicklungsstufen, die sich gemäß der Wahrnehmung und dem Interesse des Kindes an bestimmten Auffälligkeiten und Phänomenen entwickeln. Dieses Wahrgenommene wird von Kindern malerisch verarbeitet und als Wissen um das Aussehen eines Dinges oder eines Phänomens in Besitz genommen.

Die systematische Eroberung der Umwelt mit allen Sinnen, so heißt es in der Wissenschaft um die Kinderzeichnung, sei

Malen kann jeder

Fortsetzung

erst in einem Alter von 14 Jahre beendet, wenn Jugendliche sich das perspektivische Sehen und Gestalten erobert hätten. Genau zu diesem Zeitpunkt wird in Schulen im Fach Mathematik das Thema der Geometrie gelehrt. Dabei bleibt jedoch unberücksichtigt, dass viele Jugendliche sich das Wissen um Perspektive nicht mehr visuell erobert haben, da sie im Fach Kunst die Flinte schon viel früher ins Korn geworfen haben und dementsprechend auf einer Wissensstufe des Multiplizierens im Fach Kunst stehen geblieben sind.

Der Ursprung der Interesselosigkeit der Kinder und Jugendlichen, ihre Umwelt kreativ, visuell zu erobern, liegt häufig in der Beurteilung Erwachsener, welche mit dem perfektionistisch geprägten Auge zwischen Richtig und Falsch unterscheiden.

Dabei bleibt unberücksichtigt, wie kreativ und fantasiereich ein Kind in seiner Ursprünglichkeit zu malen vermag. Gerade diese Ursprünglichkeit in der Darstellung wurde von so vielen Künstlern bewundert. Viele haben sich ihr Leben lang darum bemüht, diese Ursprünglichkeit im gestalterischen Tun wiederzuerlangen. Dazu bedienten sie sich Kinderzeichnungen, die ihnen als Vorlage dienten.

Sie glaubten, wenn sie Kinderzeichnungen kopierten, könnten sie frei von gesellschaftlich getrübten Gedanken zu der Fähigkeit zurückkehren, komplexe Dinge wie Kinder auf ein Minimum zu reduzieren. Doch ihnen wurde sehr schnell bewusst, dass sie diese Fähigkeit, frei mit Gegenständen Situationen, Farben, Formen und Materialien umzugehen, nie wieder in dieser Form erreichen würden.

Machen wir einen Sprung zur heutigen Gesellschaft. Was erwartet die Gesellschaft später von heutigen Kindern? Dazu fallen mir spontan Inhalte von Stellenannoncen ein. Wir erwarten Flexibilität, Spontaneität, Originalität, Sensibilität, Assoziationsfähigkeit, Teamfähigkeit …

Malen kann jeder

Fortsetzung

Müsste sich nicht jeder Erwachsene beim Lesen einer solchen Annonce nach der Ursprünglichkeit seines Tuns und Handelns in der Kindheit sehnen?

Stärken wir also die kreative Persönlichkeit von Kindern, welche diese schon von Geburt an mitbringen. Denn diese beinhaltet die Fähigkeiten, derer die Gesellschaft bedarf. Geben wir ihnen experimentellen Spielraum um sich gestalterisch mit allen Sinnen in der Umwelt zu erproben. Dieses Buch soll Lehrenden und Lernenden die Möglichkeit geben, sich spielerische, malerische, experimentelle und kreative Handlungsfähigkeiten und Spielräume zu erobern. Nur so wird der Mut für das eigene Maltalent und die eigene Kreativität gefördert.
Denn malen kann jeder!

Aber ich kann doch gar nicht malen

1 Malen heißt: Gestalten mit allen Sinnen

Aktivitäten rund um die Wahrnehmung

Betrachten wir die Kunstgeschichte, so ließen sich viele Künstler durch ihre sinnlichen Erfahrungen inspirieren.

Expressionisten wie Kandinsky versuchten z.B. Musik in Bildern festzuhalten. Vincent van Gogh trug die Farben so dick auf, dass man die Pinselstrukturen sehen und fühlen konnte. Miro versuchte seine Traumerfahrungen in Bildern umzusetzen.

Die Impressionisten wie Monet ließen sich u.a. durch Düfte, unterschiedliches Tageslicht, durch reflektierendes Licht und durch beobachtete Witterungsbedingungen zu immer neuen Bildern verleiten. Sie verließen dazu sogar ihre Ateliers und malten „plain air", also unter freiem Himmel, um der Natur noch näher zu sein und sie mit Haut und Haaren spüren zu können. Denn schon die Impressionisten wussten: Um Eindrücke wiedergeben zu können, muss man sich aller Sinne bedienen.

Kinder lieben die Natur, welche sie sich mit allen Sinnen erobern. Vor allem das prägt sich ihnen ein, was sie am eigenen Körper erleben und erfahren. Denn bekanntlich kommt das Wort „begreifen" von „greifen" und nur das, was Kinder angreifen und somit erleben dürfen, kann von ihnen begriffen werden.
Probieren Sie es aus. Sie werden sehen, Kinder sind Ihnen mit ihrer Spontaneität dabei sicherlich eine Nasenlänge voraus.

Es wird sie überraschen, was sie in diesem Zusammenhang
von Kindern lernen können.

Das folgende Märchen soll Kindern den Zusammenhang
zwischen Wahrnehmen und Gestalten aufzeigen helfen.

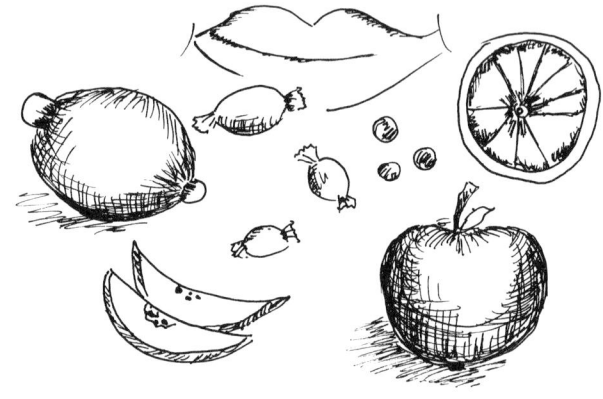

Die Malerukis und ihre Überlebensbilder

EINE GESCHICHTE FREI NACH „FREDERICK" VON LEO LIONNI

Vor langer Zeit, als es noch keine Kaufhäuser, keine Lebensmittel in Päckchen und Dosen, kein Licht, keinen Strom, keinen CD-Player und keine Heizung gab, lebte der Stamm der Maleruki im Land der Jäger und Sammler. Die Maleruki wussten, dass das Überleben in ihrem Land nicht einfach war. Deshalb zogen sie jeden Tag hinaus in den Wald um für ihre Familien zu jagen und zu sammeln. Sie jagten und sammelten nicht nur für ihren täglichen Bedarf, sondern auch für den harten Winter. Denn um im Winter zu überleben brauchten sie Vorräte.

Beeren, Kräuter, Getreide und Blätter gab es im Wald reichlich, und auch Tiere, die gejagt werden konnten, gab es dort in Fülle. Doch wussten die Malerukis aus Erfahrung, dass es nicht genügt, für das leibliche Wohl im Winter zu sorgen. Die Winter waren kalt, dunkel, lang, farblos und ungemütlich. Da konnten ihnen auch all die leckeren Speisen, die sie den Sommer über gesammelt hatten nicht darüber hinweghelfen. So suchten sie nach einer geheimen Rezeptur, welche ihnen über ihre Winterängste hinweghelfen könnte.

Und ehe sie sich umgesehen hatten, hatte einer von ihnen eine tolle Idee, die von allen begeistert angenommen wurde. Sie beschlossen alljährlich die besten Maler ihres Stammes auszuwählen. Diese sollten die ausgelassene Stimmung der Malerukis im Sommer in Bildern festhalten um sie für die langen kalten Wintermonate einzufangen.

So malten die Maler der Malerukis die bunten Farben des Frühlings, die Düfte der Blumen, den Gesang der Vögel und die Hitze des Sommers. Sie sammelten Düfte, Farben, Musik und Temperaturen in ihren Bildern. Sie malten warme Bilder und blumige Bilder. Sie malten beschwingte Bilder und bunte Bilder und verstauten sie, nachdem sie getrocknet waren, in der Winter-Vorratskammer.

Als es Winter und immer kälter wurde, holten die Malerukis die Bilder, die mit warmen Farben gemalt waren, aus ihrer Vorratskammer heraus und hängten sie in ihrer kalten Höhle auf und sogleich wurde es in ihr wohlig warm. Wenn sie tanzen wollten, nahmen sie ihre beschwingten Bilder, welche vom Gesang der Vögel erzählten, hängten sie auf und sogleich schien es ihnen, als hörten sie die Musik des Vogelgezwitschers, nach dem sie im Sommer immer tanzten. Wenn sie sich kaum noch an den Duft von Blüten im Frühling erinnern konnten, hängten sie die Bilder auf, die von der Farbenpracht und dem Duft von Blumen erzählten, und gleich schien ein Hauch des Duftes durch die Höhle zu wehen. Und wenn es draußen so dunkel war, dass sie kaum noch die eigene Hand vor den Augen sehen konnten, so wurden die gelben Bilder und die Bilder mit den hellsten und grellsten Farben aus der Vorratskammer

genommen und schon schien sich der Raum zu erhellen, als sei draußen der Frühling erwacht, dessen Strahlen bis in den finstersten Winkel der Höhle leuchteten.

Mit diesem Geheimnis gelang es den Malerukis, bis heute zu überleben. Doch leider verfügen die Malerukis kaum noch über gute Maler, welche die Eindrücke in Bildern festhalten können. Deshalb freuen sie sich über jeden Malergehilfen, der ihnen beim Sammeln von Eindrücken behilflich ist. Ich hoffe, ihr könnt den Malerukis beim Überleben helfen.

Farb-Klang-Bilder

ab 6 Jahre

KOMMUNIKATION, KREATIVITÄT UND FANTASIE, WAHRNEHMUNG, GESTALTUNG

Material:

großformatiges Papier; Temperafarbe oder Deckmalfarben in den sechs Grundfarben Rot, Gelb, Orange, Grün, Blau, Violett; Becher; Wasser; Pinsel; Musikwiedergabegerät

Farben und Musik können in Beziehung treten und sich auf die Gefühle auswirken. Die Farben Rosa, Rot, Orange und Gelb wirken anregend, dynamisch. Lemon, Grün, Türkis und Blau wirken beruhigend.

Die Kinder malen Bilder zu verschiedenen Musikstücken und benutzen sie ausschließlich zur Darstellung ihrer Empfindungen in Formen und Farben.

Z.B. können sie zu den Klängen von Vivaldis „Vierjahreszeiten" und zu den Klängen von „Child in Time" von Deep Purple Bilder malen. Pro Musikstück sollte ihnen ein Blatt Papier zur Verfügung stehen. Die Farben zu den einzelnen Musikstücken verwenden die Kinder rein subjektiv. So entstehen rein subjektive Farb-Klang-Bilder. Im Anschluss an das Malen sollten Sie auf jeden Fall eine Gesprächsrunde machen, in der jedes Kind die Möglichkeit hat, zu erklären, warum es zu welchem Musikstück welche Farbe gewählt hat.

> **Epoche:** Abstrakte Malerei
> **Künstler:** Wassily Kandinsky
> **Bildbesprechung:** Impression III (Konzert)
> Hinweise zur Bildbesprechung finden Sie ab S. 170.

Welche Farben sind eckig, welche rund?

ab 6 Jahre

KOMMUNIKATION, KREATIVITÄT UND FANTASIE, WAHRNEHMUNG, GESTALTUNG

Material:

DIN-A3-Zeichenpapier; Temperafarbe oder Deckmalfarben
in den sechs Grundfarben Rot, Gelb, Orange, Grün, Blau, Violett;
Becher; Wasser; Pinsel; Bleistift

Es gibt Farben die, wirken weich und ausgewogen rund. Sie wecken den Eindruck des Dahin-
rollens. Andere wiederum wirken zackig, kantig oder eckig und erwecken den Eindruck, als
wollten sie einen durchbohren. Oft sprechen wir dann von grellen und stechenden Farben.
Auch Kinder sind für solche Empfindungen sensibel. Deshalb kann auch eine Wahrnehmungs-
übung darin bestehen, eckige Farben von runden Farben zu unterscheiden.
Dazu benötigt jedes Kind zwei Bogen Zeichenpapier. Eines für die runden Farben und ein
anderes für die eckigen Farben. Die Kinder teilen den Bogen für die runden Formen mit dicht
aneinander liegenden großen und kleinen Kreisen mit einem Bleistift ein.
Sie teilen den Bogen für die eckigen Farben mit geraden, sich überkreuzenden Linien in viele
kleine und große eckige Formen ein. Nun kann das Malen beginnen. Aus den sechs zur Verfügung stehenden Farben müssen die Kinder jeweils drei aussuchen, die sie rund empfinden,
und drei, die sie als eckig empfinden. Mit den jeweils ausgesuchten Farben gestalten sie dann
die entsprechenden Vorzeichnungen.

Welche Farbe hat der Klang der Geige?

ab 6 Jahre

KOMMUNIKATION, KREATIVITÄT UND FANTASIE, WAHRNEHMUNG

Material:

Zeichenpapier; Bleistift; Pinsel; Deckmalfarben
in den sechs Grundfarben Rot, Gelb, Orange, Grün, Blau, Violett;
Musikwiedergabegerät

Farben können auch Klängen zugeordnet werden:

- hellen Klängen helle Farbtöne (Gelb, Hellgrün, Orange, Hellblau)
- dunklen Klängen dunkle Farbtöne (Dunkelblau, Dunkelgrün)
- dynamischen Klängen dynamische Farbtöne (Orange, Rot)

Spielen Sie den Kindern entweder unterschiedliche Instrumente mit Hilfe eines CD-Players vor oder geben Sie ihnen die Möglichkeit, unterschiedliche Instrumente selbst auszuprobieren. Dazu eignet sich das Orff-Instrumentarium besonders gut. Anschließend sollen die Kinder jedem Instrument eine Farbe zuordnen, die der Klanghöhe des Instrumentes entspricht. Dazu zeichnen die Kinder auf dem Zeichenpapier verschiedene Grundformen (Kreis, Quadrat, Dreieck) in verschiedenen Größen in der Anzahl der zu hörenden Instrumente mit Bleistift ein. Dann werden die einzelnen Instrumente angespielt. Machen Sie anschließend eine Pause von ungefähr 5–10 Minuten, um den Kindern die Möglichkeit zu geben, sich pro Instrument für eine Form und eine Farbe zu entscheiden.

Der Raum, der die einzelnen farbigen Formen umgibt, wird später mit schwarzer Farbe ausgestaltet.

Führen Sie ein gemeinsames Einführungs- und Abschlussgespräch, damit die Kinder ihre jeweiligen Empfindungen äußern können.

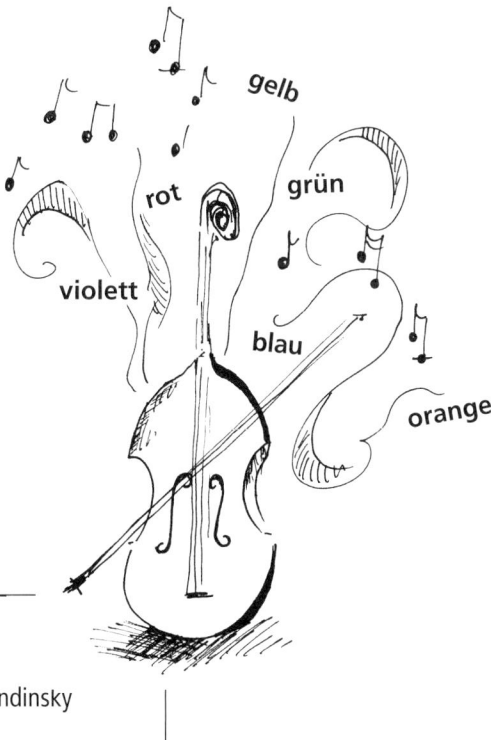

Epoche: Abstrakte Malerei
Künstler: Wassily Kandinsky
Bildbesprechung: Wassiliy Kandinsky
Impression III (Konzert)
Hinweise zur Bildbesprechung
finden Sie ab S. 170.

Laute und leise, harte und weiche Farben

ab 6 Jahre

KOMMUNIKATION, KREATIVITÄT UND FANTASIE, WAHRNEHMUNG

Material:

Viele unterschiedliche Materialien (Fell, Karton, Stein, Gummi, Watte …), aus denen sich die Kinder zu der entsprechenden Farbe ein Material aussuchen können.

Farben können hart und weich, laut und leise, stark und schwach, grell und dumpf, glatt und rau sein. Je nachdem, wie die Kinder sich zu den Farbempfindungen äußern, sollen sie sich ein Material auswählen, das ihrer beschriebenen Empfindung entspricht. Dabei sollen sie die Farben entsprechend den Eigenschaften der Adjektive adäquaten Gegenständen zuordnen.

Beispiel:

Eine hart empfundene Farbe kann z.B. einem Stein und eine weiche Farbe einem Fell zugeordnet werden.

Mandala malen

ab 6 Jahre

KREATIVITÄT UND FANTASIE, WAHRNEHMUNG, GESTALTUNG, MOTORIK

Material:

Buntstifte, meditative Musik, Mandala-Kopie

Mandalas zu malen ist eine kreative Meditationstechnik. Diese Mandala-arbeit eignet sich für die Arbeit mit Kindern deshalb besonders gut, weil es weder ein Gut oder Schlecht, noch ein Richtig oder Falsch gibt. Teilen Sie die Mandalakopien aus. Starten Sie anschließend die Musik. Die Kinder sollen dabei ganz ruhig werden, sich der Musik und den Formen des Mandalas hingeben, um diese farbig von innen nach außen zu gestalten. Gerade das Gestalten von innen nach außen ist für das Finden der inneren Mitte und für die Ausgeglichenheit wichtig.

> **Epoche:** Gotik
> **Bildbesprechung:** ein gotisches Rosettenfenster
> Hinweise zur Bildbesprechung finden Sie ab S. 170.

Wir malen den Duft einer Rose
ab 6 Jahre

KOMMUNIKATION, KREATIVITÄT UND FANTASIE, WAHRNEHMUNG, GESTALTUNG, MOTORIK

Material:

Aquarellfarben oder Deckmalfarben; Zeichenpapier DIN A3, Pinsel, Becher, Wasser, duftende
Blumen wie z.B. eine Rose

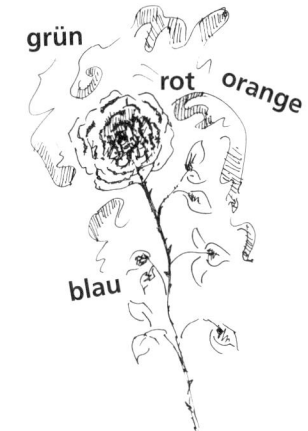

Düfte wecken die Fantasie. Nimmt unsere
Nase bestimmte Gerüche wahr, so lösen diese
Düfte Erinnerungen und Vorstellungen aus.
So verhält es sich z.B. auch mit dem Duft
von Blumen. Die Kinder sollen unmotivisch
ihre Dufteindrücke in Farbe umsetzen.
Im Anschluss betrachten sie gemeinsam
die Duftbilder. Jedes Kind erhält so die
Möglichkeit, sich zu seinem Bild zu äußern.

Varianten:

- Kinder sollen die Vorstellungen, welche die Düfte in ihnen
  hervorrufen, motivisch zum Ausdruck bringen.
- Statt der Blumen können auch andere Düfte
  die Fantasie in Gang setzen, z.B. Heu, Gewürze,
  Rauch einer ausgeblasenen Kerze, Krem,
  Putzmittel …
- Auch die Düfte einer brennenden Duftöllampe
  können die Fantasie wecken.

> **Epoche:** Impressionismus
> **Künstler:** Claude Monet
> **Bildbesprechung:** Claude Monet,
> Mohnfeld bei Argenteuille
> Hinweise zur Bildbesprechung
> finden Sie ab S. 170.

Welche Farbe hat der Duft von Sommer, Winter, Herbst und Frühling?

ab 6 Jahre

KOMMUNIKATION, KREATIVITÄT UND FANTASIE, WAHRNEHMUNG, GESTALTUNG, MOTORIK

Material:

Aquarellfarben oder Deckmalfarben, Zeichenpapier DIN A3, Pinsel, Becher, Wasser

Jede Jahreszeit hat ihre eigenen Temperaturen, ihr eigenes Aussehen, ihre eigenen Geräusche und ihre eigenen Gerüche. „Ich kann schon den Schnee riechen", sagt man an einem kalten Wintertag. Der Frühling duftet süß nach Blüten, der Sommer trocken nach frisch gemähtem Heu und der Herbst erdig, modrig nach gefallenen Blättern und Früchten. Die Kinder sollen ihr Zeichenpapier in vier gleich große Felder einteilen. Jedes Feld soll einer bestimmten Jahreszeit zugeordnet werden. Dazu müssen die Kinder sich Farben aussuchen, die für sie persönlich die entsprechende Jahreszeit symbolisieren. Mit diesen Farben gestalten sie nun unmotivisch die Fläche der jeweiligen Jahreszeit.

Führen Sie ein gemeinsames Einführungs- oder Abschlussgespräch, damit die Kinder ihre jeweiligen Empfindungen äußern können.

Varianten:

Folgende Fragestellungen wären unter diesem Gesichtspunkt auch denkbar:

- Welche Farbe hat der Wind? Machen Sie dazu in einem Vorgespräch auf jeden Fall auf die verschiedenen Verben, die den Wind zu den verschiedenen Jahreszeiten unterscheiden, aufmerksam (säuseln, wirbeln, brausen, stürmen, wehen …).
- Welche Farben haben verschiedene Tageszeiten (Morgen, Mittag, Abend)

> **Epoche:** Impressionismus
> **Künstler:** Claude Monet
> **Bildbesprechung:** Claude Monet: Die Kathedrale von Rouen
> Hinweise zur Bildbesprechung finden Sie ab S. 170.

Duftspaziergang

ab 6 Jahre

KOMMUNIKATION, KREATIVITÄT UND FANTASIE, WAHRNEHMUNG, GESTALTUNG, MOTORIK

Material:

Deckmalfarben, Bleistift, Zeichenpapier DIN A3, Pinsel, Becher, Wasser

Machen Sie zunächst mit den Kindern einen Spaziergang. Im Mittelpunkt dieses Spazier-ganges stehen Düfte. Eventuell führt der Weg an einer duftenden Bäckerei, an einem Garten oder Park, an einem Kornfeld, an einem Parkplatz, an einer stark befahrenen Straße, an einem Misthaufen usw. vorbei.

Machen Sie die Kinder an allen Stationen auf den Geruch der jeweiligen Umgebung aufmerk-sam.

Die Kinder sollen anschließend den Duftspaziergang mit seinen einzelnen Stationen auf dem Papier festhalten. Dazu legen die Kinder das Papier senkrecht vor sich hin. Parallel zu dem linken Blattrand, in einer Breite von ungefähr 5 cm, ziehen sie mit dem Bleistift eine senk-rechte Linie. Auf diese Weise entsteht der abstrahierte Spazierweg, den die Kinder später mit Farbe ausmalen.

Anschließend teilen sie das Papier entsprechend der Anzahl der Stationen mit waagerecht verlaufenden Linien ein. Nun sollen die Kinder ihre Dufteindrücke mit Hilfe einer Farbe pro Station und Farbfläche festhalten.

Führen Sie ein gemeinsames Einführungs- und Abschlussgespräch, damit die Kinder ihre jeweiligen Empfindungen äußern können.

> **Epoche:** Impressionismus
> **Künstler:** Claude Monet
> **Bildbesprechung:** Claude Monet: Mohnfeld bei Argenteuille
> Hinweise zur Bildbesprechung finder Sie ab S. 170.

Welche Farben sind süß und sauer? ab 6 Jahre

KOMMUNIKATION, KREATIVITÄT UND FANTASIE, WAHRNEHMUNG, GESTALTUNG, MOTORIK

Material:

Zeichenpapier DIN A3, Temperafarbe oder Deckmalfarbe, Pinsel, Becher, Wasser

Oft prägt die Farbe der Lebensmittel auch die Vorstellung von ihrem Geschmack. Wir verbinden z.B. mit Schokolade eine braune Farbe, obgleich es auch weiße Schokolade gibt. Wir reden von Bonbonfarben, wenn wir grelle und bunte Farben nebeneinander wahrnehmen. Auch bei Kindern werden mit bestimmten Geschmacksrichtungen bestimmte Farben assoziiert. Kinder haben sicherlich keine Probleme Geschmacksrichtungen Farben zuzuordnen, wenn sie jeweils ein Bild zu folgenden Fragestellungen malen sollen:

- Wie schmeckt Schokolade?
- Male ein scharfes/saures/süßes/bitteres/salziges Bild.
- Male deine Lieblingsspeise, indem du nur mit Farben malst
  und kein Motiv verwendest.
- Wie schmecken Bonbons?

2 Malen heißt: Gestalten mit Empfindungen

Aktivitäten rund um Freude, Wut, Zorn, Gefühle und Stimmungen

Schon die Expressionisten versuchten mit Farbe auszudrükken, was sie empfanden. Sie erkannten die Malerei als eine Sprache, die nur mit anderen Mitteln arbeitet. Dabei stehen Pinsel, Farben und Symbole im Mittelpunkt, wenn Maler versuchen ihrer Wut, ihrer Freude oder ihrer Trauer Ausdruck zu verleihen.

Wer sich schon einmal intensiv mit Kinderzeichnungen beschäftigt hat, wird erkannt haben, dass Kinder dieses Ausdrucksmittel viel schneller für sich entdecken als das Alphabet. Sie gehen frei mit Farben um, verwenden dabei gerne ihre Lieblingsfarbe, die von Zeit zu Zeit auch wechseln kann, nützen die Bedeutungsperspektive, malen schwarze Bilder, wenn sie traurig und bunte Bilder, wenn sie gut gelaunt sind. Kinder malen das, was sie bewegt. Dazu benutzen sie eigene Ausdrucksmittel wenn es darum geht, in ihren Bilder ihre kindliche Erlebniswelt darzustellen.

Viele Künstler beneiden Kinder um diese Ausdruckskraft. Sie sehnen sich danach, so frei und unbelastet das, was sie bewegt, so auf das Wesentliche zu reduzieren, wie es Kinder können. Deshalb sammelten viele Künstler Kinderzeichnungen um von ihnen zu lernen. Denn sie hatten bereits das verloren, was kindliche Ausdruckskraft ausmacht. Diese Ausdruckskraft zu fördern und zu erhalten muss Aufgabe des Unterrichtes sein. Denn hieraus entwickelt sich das, was von den heutigen Kindern später gefordert sein wird, nämlich flexibel, sensibel und spontan zu handeln.

Vorab einige Assoziationen zur Wirkung von Farben

Rot: Symbolfarbe für die Liebe, warm, aggressiv, kraftvoll, gefährlich, dynamisch, in den Vordergrund springend, grell, hart

Orange: warm, hell, beißend, leuchtend, hart

Gelb: Symbolfarbe für den Neid, warm, hell, heiter, sanftmütig, weich

Blau: Symbolfarbe für die Treue, kalt, dunkel, zurückweichend, hart

Grün: Symbolfarbe für die Hoffnung, beruhigend, zurückweichend, natürlich, gedämpft, weich

Violett: kalt, auffallend, widersprüchlich, dunkel, hart

Gesprächsrunde: „Rot ist wie ..." ab 6 Jahre

KOMMUNIKATION, KREATIVITÄT UND FANTASIE, WAHRNEHMUNG

Versuchen Sie gemeinsam mit den Kindern Farben zu beschreiben (Rot, Gelb, Grün, Blau, Braun, Schwarz, Weiß, Grau, Rosa usw.)

Beispiel:
„Gelb ist wie die Sonne, wenn ich in den Sommerferien mit meinen Eltern am Strand spiele."

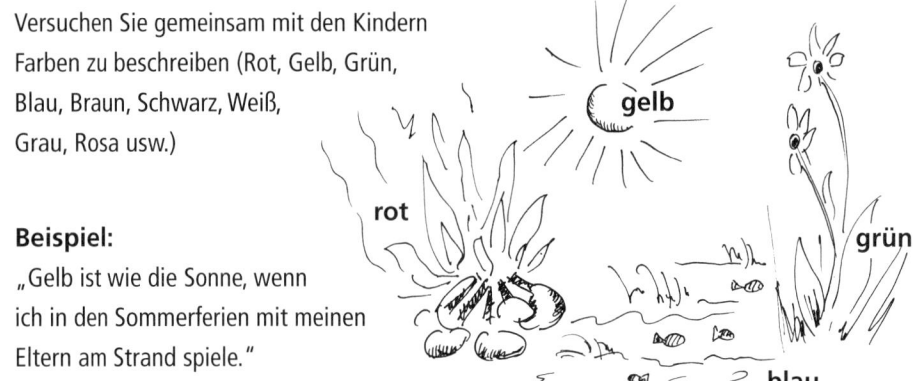

Stimmungsbild

ab 6 Jahre

KOMMUNIKATION, KREATIVITÄT UND FANTASIE, WAHRNEHMUNG, GESTALTUNG, MOTORIK

Material:

großformatiges Papier, Temperafarbe, Becher, Pinsel

Die Kinder malen ein Stimmungsbild, wie sie sich momentan fühlen, oder zu anderen Gefühlen (Freude, Glück, Angst, Einsamkeit, Wut …). Dazu sollen sie Formen und Farben verwenden. Führen Sie ein gemeinsames Einführungs- und Abschlussgespräch, damit die Kinder ihre jeweiligen Empfindungen äußern können.

Kalte und warme Farben

ab 6 Jahre

KOMMUNIKATION, KREATIVITÄT UND FANTASIE, WAHRNEHMUNG, GESTALTUNG

Material:

Tücher zum Augenverbinden, Fingerfarbe, Tapete oder Packpapier, Kühlschrank, Heizung, Klebeband

Es gibt Farben, die eine kalte Wirkung und Farben, die eine wärmende Wirkung haben. Um den Kindern den Unterschied zu verdeutlichen, wäre folgende Unterrichtsstunde denkbar: Stellen Sie die kalten Farben (z.B. Blau, Violett, Grün) in den Kühlschrank und die warmen Farben auf die Heizung. Sie können den Kindern die Augen verbinden. Dann malen sie warme und kalte Bilder auf Grund ihrer

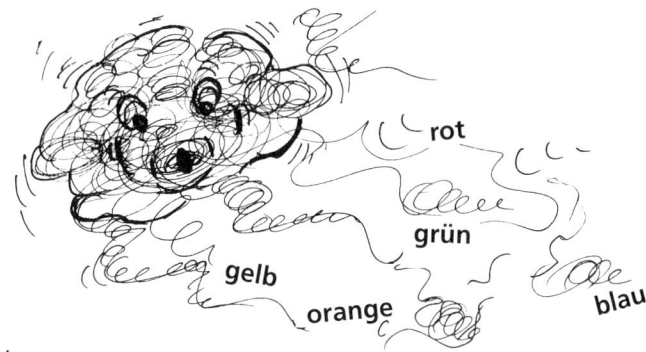

Wärme- oder Kälteempfindungen mit verbundenen Augen auf den vor ihnen liegenden Malgrund, der vorher mit Klebestreifen auf dem Tisch oder Boden fixiert wurde.

Welche Farbe hat der Wind?   ab 6 Jahre

KOMMUNIKATION, KREATIVITÄT UND FANTASIE, WAHRNEHMUNG, GESTALTUNG, MOTORIK

Material:

großformatiges Papier, Temperafarbe, Pinsel, Becher, Wasser.

Hier können die Kinder versuchen Dinge mit Farbe auszudrücken, die nicht sichtbar sind, z.B. der Gesang der Vögel, die Farbe des Windes, die Stimmung in den Ferien, das Toben einer Meeresbrandung, …
Führen Sie auf jeden Fall ein Einführungs- und ein Abschlussgespräch, in dem die Kinder ihre Ideen, Vorstellungen und Gedanken äußern können und ihre Bilder kommentieren dürfen.

Die Farben der Jahreszeiten   ab 6 Jahre

KOMMUNIKATION, KREATIVITÄT UND FANTASIE, WAHRNEHMUNG, GESTALTUNG, MOTORIK

Material:

Zeichenpapier DIN A3, 4 Bögen pro Kind, Temperafarbe, Pinsel, Becher, Wasser, Klebeband.

Sprechen Sie mit den Kindern über die Jahreszeiten und ordnen Sie ihnen gemeinsam Farbtöne zu. So werden z.B. dem Herbst meistens erdige, dem Frühjahr eher pastellige Farbtöne zugesprochen. Legen Sie die Kinder jedoch nicht auf bestimmte Farben fest.
In einem vorausgehenden Gespräch können die Kinder ihre Farbempfindungen zu den jeweiligen Jahreszeiten zur Sprache bringen.

Mit Temperafarben sollen sie anschließend die Jahreszeiten darstellen. Dazu malen sie pro Jahreszeit ein Bild. Dies soll weniger motivisch, als tupfend, klecksend, pustend und wischend geschehen. Der Schwerpunkt liegt dabei auf der farbigen Auseinandersetzung mit Frühling, Sommer, Herbst und Winter. Anschließend sortieren die Kinder die Bilder nach den einzelnen Jahreszeiten und kleben sie zu jeweils einem gemeinsamen Frühlings-, Sommer-, Herbst- und Winterteppich mit Klebeband zusammen.

Varianten:

- Die Kinder sollen bestimmten Tagen bestimmte Farben zuordnen. Dabei sollen die Kinder überlegen, welchen Beschäftigungen sie an den jeweiligen Tagen nachgehen bzw. nachgehen müssen (Flötenunterricht, Nachhilfe, Sport, Ausflüge …).

- Die Kinder teilen ihr Blatt, das einen Tag symbolisiert, durch zwei sich kreuzende Linien in vier gleich große Rechtecke ein. Dabei stehen die vier Rechtecke für den Morgen, die Zeit in der Schule, den Mittag und den Abend. Entsprechend ihrer Stimmungen zu den jeweiligen Tageszeiten sollen die Kinder Farben auswählen und die entsprechende Fläche nur mit Hilfe von Farben, Linien und Formen gestalten.

Die folgende Geschichte gibt Kindern ein Beispiel, wie man Stimmungen in Form von Farbe als Tagebuch festhalten kann.

Der Stimmungsschal von Oma Liesel

EINE GESCHICHTE FREI NACH „OPA BÄR UND SEIN LANGER BUNTER SCHAL" VON GILLIAN HEAL

Vor einigen Tagen besuchten Frederick und Fredericke ihre Großmutter.
Als beide das Haus betraten, saß Oma Liesel wie immer in ihrem großen gemütlichen Sessel aus dunkelrotem Plüsch und strickte.
Die beiden konnten sich gar nicht daran erinnern, die Großmutter jemals ohne Stricknadeln und Wolle gesehen zu haben. Immer wenn sie Oma Liesel besuchten, saß sie beim Stricken in diesem wunderbaren, gemütlichen Sessel und strickte an ein und demselben kunterbunten Schal. Mittlerweile war der Schal so lang, dass man mit ihm hätte die Welt umspannen können. Der Schal setzte sich aus vielen verschiedenen Farben und Flächen zusammen. Mal war er gelb, mal blau, mal grau oder grün.
Der Schal trug alle Farben, die ein Farbkasten zu bieten hat. Die gestrickten Farbflächen waren auch nicht immer gleich groß. Mal hatte die Großmutter nur zwei Reihen mit einer Farbe gestrickt, manchmal aber auch einen ganzen Meter. So gab es kleine und große Flächen in allen erdenklichen Farben. Frederik und Fredericke fragten sich, warum wohl die Großmutter immer nur an diesem einen Schal strickte und wie sie wohl zu ihrem Strickmuster kam, das den Schal so kunterbunt erscheinen ließ. „Oma Liesel", fragten sie, „kannst du uns sagen,

warum du tagein, tagaus immer an dem gleichen Schal strickst, und wie kommst du zu diesem schönen Farbmuster?"

„Der Schal", sagte Oma Liesel, „ist eine Art Tagebuch. Ich schreibe ungern, aber stricken tu ich für mein Leben gern.

So habe ich beschlossen kein Tagebuch zu schreiben, sondern ein Tagebuch zu stricken. Dieser Schal zieht sich durch mein ganzes Leben. Deshalb ist er auch schon so lang. In meinem Leben gab es viele schöne und frohe Tage. An diesen Tagen habe ich mit vielen bunten und kräftigen Farben gestrickt. War ich wütend und zornig, strickte ich mit roter Wolle. Mit Grün habe ich an den Tagen gestrickt, an denen sich kaum etwas ereignete. Blaue Wolle wählte ich an den Tagen aus, an denen ich ein Problem lösen konnte und ich Klarheit bekam, indem mir ein Licht aufging. Es gab aber auch viele trübe Tage in meinem Leben, an denen mich Kummer und Ängste plagten. Diese Tage findet ihr in dem Schal dort, wo ich mit dunklen Farben gestrickt habe. Ja und dann gibt es in dem Schal noch kleine Löcher. Sie stehen stellvertretend für die Tage, an denen etwas ganz Besonderes geschah und ich vor Schreck oder Freude habe Maschen fallen lassen."

Frederik und Fredericke konnten nun verstehen, warum die Großmutter immer nur an dem gleichen Schal strickte. Sie wussten jetzt auch, wie sie ihre Farben für den Schal aussuchte. Sie waren ganz begeistert von dem gestrickten Tagebuch der Großmutter und wollten ebenfalls mit einem Stricktagebuch beginnen. Sofort wählten sie ihre Farbe für diesen Tag aus: Welche Farbe könnte wohl besser diesen schönen Tag in ihrem Tagebuchschal repräsentieren als ihre Lieblingsfarbe Orange? Doch zuvor müssen beide erst einmal stricken lernen.

Jeder Tag hat eine Farbe

ab 6 Jahre

KOMMUNIKATION, KREATIVITÄT UND FANTASIE, WAHRNEHMUNG, GESTALTUNG, MOTORIK

Material:

Deckmalfarben, Zeichenpapier, Pinsel, Becher, Wasser

Es gibt rosa Tage, an denen man die Welt durch eine rosarote Brille sieht. Es gibt bunte Tage, an denen man gut gelaunt ist. Es gibt aber auch dunkle Tage, vor denen man Angst hat. Die Kinder sollen sich darüber bewusst werden, welche Bedeutung die einzelnen Tage in der Woche für sie haben. Führen Sie dazu ein Gespräch, worin sich die Kinder über die Bedeutung der einzelnen Tage für ihren Wochenrhythmus Gedanken machen können.

Fragen, die dabei im Mittelpunkt stehen können, sind:

× Auf welchen Tag freust du dich in der Woche am meisten? Welche Farbe würdest du diesem Tag am liebsten geben?

× Welchen Tag in der Woche magst du überhaupt nicht? Welche Farbe würdest du diesem Tag am liebsten geben?

× Gibt es für dich einen Tag in der Woche, an dem du den ganzen Mittag zum Spielen zur Verfügung hast? Welche Farbe würdest du diesem Tag am liebsten geben?

× Gibt es einen Tag, an dem du sehr viel zu tun hast? Welche Farbe würdest du diesem Tag am liebsten geben?

× Wie sehen die restlichen Tage bei dir aus? Welche Farbe würdest du diesem Tag am liebsten geben?

Jedes Kind erhält sieben Bögen Papier, für jeden Wochentag einen. Anschließend gestaltet jedes Kind seinen Wochenablauf mit Farbe. Pro Tag wählt es eine Farbe aus, die dem jeweiligen Tag entspricht, und gestaltet damit einen Bogen Zeichenpapier. Hat jedes Kind für jeden Tag die entsprechende Farbe gefunden und sind dementsprechend die Blätter ausgestaltet, werden die sieben Blätter zu einem Wochenbuch gebunden. So hat jedes Kind sein individuelles Wochentagebuch.

Farbtagebuch

ab 8 Jahre

KOMMUNIKATION, WAHRNEHMUNG, GESTALTUNG

Material:

Deckmalfarben, Zeichenpapier, Pinsel, Becher, Wasser

Es handelt sich hier um ein außergewöhnliches Tagebuch. Denn dieses Tagebuch wird nur mit Farben gestaltet. Die Kinder sollen über einen Monat hinweg jeden Tag ein Bild in einer oder mehreren Farben unmotivisch gestalten. Dabei wählen die Kinder die Farben gemäß ihrer Stimmungslagen aus. So kann es rosa Tage geben, an denen man die Welt durch eine rosarote Brille sieht, oder bunte Tage, an denen man gut gelaunt ist, oder rote Tage, die voller Wut sind, oder schwarze Tage, die voller Trübsal und Trauer sind. Jedes Kind sammelt seine Bilder in der Reihenfolge, wie sie angefertigt wurden, nacheinander in einem Hefter. Am Ende des Monats erhält das Kind so eine Übersicht über seine Stimmungslagen innerhalb des letzten Monats.

Varianten:

- Jedes Kind erhält einen großen Bogen Zeichenpapier. Dieser wird in so viele Felder eingeteilt, wie der Monat Tage hat. Jedes Feld symbolisiert einen Tag. Jeden Tag gestaltet das Kind ein Feld wie oben beschrieben.

- (ab 6 Jahre) Jedes Kind erhält eine Tapetenrolle. Die Rolle wird Tag für Tag etwas bunter, indem das Kind täglich einen farbigen horizontalen Streifen in der Farbe seiner Stimmungslage hinzufügt.

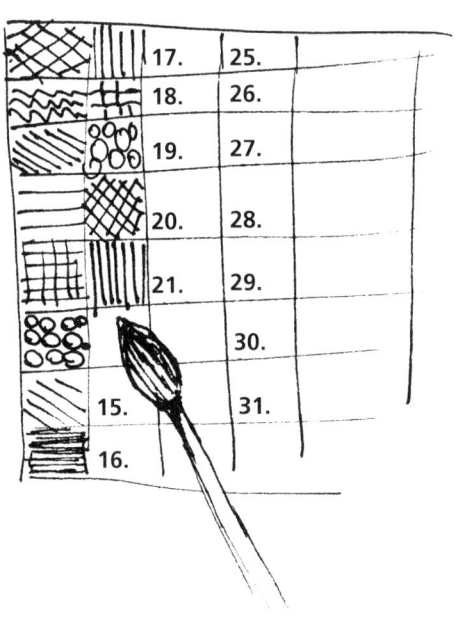

Die Farbe der Stille

ab 6 Jahre

KOMMUNIKATION, KREATIVITÄT UND FANTASIE, WAHRNEHMUNG, GESTALTUNG, MOTORIK

Material:

großformatiges Papier, Temperafarben, Pinsel, Becher Wasser

Die Kinder setzen sich in einen Stuhlkreis und schließen die Augen. Nun sollen alle Kinder still werden und in sich hineinschauen, um die Farbe wahrzunehmen, die jetzt in der Stille in ihnen auftaucht. Danach darf jedes Kind seine Farbe der Stille auf das Papier bringen.

Stimmungsteppich

ab 6 Jahre

KOMMUNIKATION, KREATIVITÄT UND FANTASIE, WAHRNEHMUNG, GESTALTUNG, MOTORIK

Material:

Zeichenpapier, Deckfarben, Pinsel, Becher, Wasser

Sie kennen sicherlich auch den Ausdruck: „Etwas unter den Teppich kehren". Hier werden keine Gefühle unter den Teppich gekehrt, sondern hier malen die Kinder passende Teppichmuster zu den eigenen Gefühlen.

Der Stimmungsteppich kann in seiner Gestaltung von Kind zu Kind verschieden sein. Er wechselt je nach Kind und Stimmungslage seine Muster und seine Farben, sodass letztendlich Teppichmuster zu den Themen Trauer, Freude, Wut, Zorn, Spaß … entstehen können. Hängen Sie die Teppichmuster anschließend auf und sprechen Sie gemeinsam darüber, sodass jedes Kind die Möglichkeit bekommt, sich zu äußern.

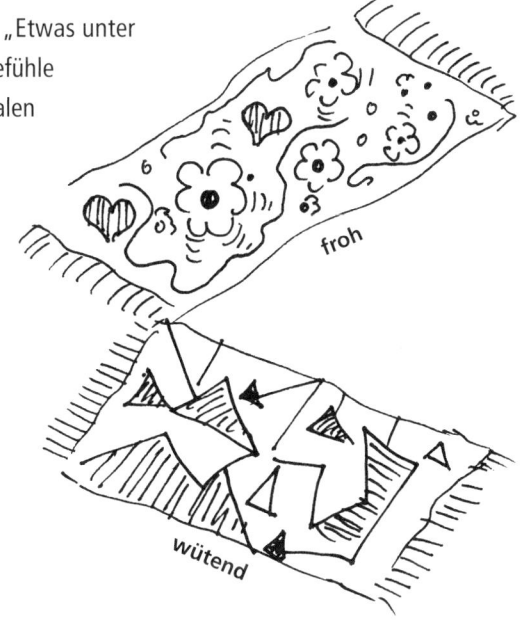

Schieß- und Wurfbilder

ab 6 Jahre

EXPERIMENTIERFREUDE, KREATIVITÄT UND FANTASIE,

MOTORIK, WAHRNEHMUNG, GESTALTUNG, TECHNIK

Material:

Raufasertapete, bunte Tusche oder Temperafarbe, Wasser, Wasserpistolen oder alte Plastikflaschen mit Pumpsprühvorrichtung oder leere quetschbare Plastikflaschen (z.B. von Ketschup
oder Shampoo), Arztspritzen, Luftballons, alte Kleidung oder Malkittel

Keine Angst, es handelt sich
hierbei nicht um eine gefähr-
liche Schießerei, sondern um
einen Gestaltungsprozess mit
Hilfe von Wasserpistolen und
Wasserbomben. Befestigen
Sie Raufasertapete auf dem
Boden, an einer alten Mauer oder an

einer Hauswand. Verdünnen Sie die Temperafarbe mit Wasser so, dass sie sich in Wasserpistolen
oder in die Plastikflaschen mit Pumpsprühvorrichtung einfüllen und versprühen lässt. Dann dürfen die Kinder mit dem Besprühen und dem Beschie-
ßen der Leinwand beginnen. Wer Lust hat,
kann auch Luftballons mit verflüssigter Farbe
füllen und diese auf die Leinwand werfen. Es
geht dabei weniger um das Werk selbst als
um die Freude am Entstehungsprozess.

Künstler: Niki de Saint Phalle ist eine Vertreterin
dieser experimentellen Malerei.
Epoche: Nouveau Realisme

36 **Aber ich kann
nicht doch gar
malen**

Wenn Besen und Schrubber malen ab 6 Jahre

EXPERIMENTIERFREUDE, KREATIVITÄT UND FANTASIE,
MOTORIK, WAHRNEHMUNG, GESTALTUNG, TECHNIK

Material:

Raufasertapete, Klebeband, Temperafarbe, Wasser, Bürsten, Besen, Schrubber, Feger,
Zahnbürsten etc.

Viele Künstler der experimentellen Malerei fanden das Malen mit Pinseln sehr langweilig.
Deshalb beschlossen sie das Arbeitsmaterial zu wechseln. Sie tauschten den Pinsel gegen
Besen, Schrubber und Bürsten ein und siehe da, es entstand eine neue Form der großzügigen
Bildgestaltung. Zuerst klebten sie ihren Malgrund auf dem Boden oder der Wand fest. Dann
tauchten sie ihr Malwerkzeug, das vorher lediglich
zum Putzen verwendet wurde, in die Farbe ein
und malten damit auf die Leinwand. Gerade
dieses verfremdete Mal-
material macht Kindern
Spaß und fördert ihre eigene kreative Ausdrucksform.
Dabei spielt eher der Gestaltungsprozess als das fertige
Bild eine wichtige Rolle.

Künstler: Hans Hartung ist ein Vertreter
der experimentellen Malerei.
Epoche: Actionpainting

Mit Dosen tröpfeln, mit Pinseln spritzen

ab 6 Jahre

EXPERIMENTIERFREUDE, KREATIVITÄT UND FANTASIE,
MOTORIK, WAHRNEHMUNG, GESTALTUNG, TECHNIK

Material:

Raufasertapete oder ein großes Betttuch, Klebeband, Temperafarbe, Wasser, Pinsel, Dosen, große Steine, Pinsel, Nagel, Hammer

Der absolute Spritzexperte in Sachen Kunst ist Jackson Pollock. Auf den Spuren seiner experimentellen Kunst arbeiten Sie am besten im Freien. Dazu brauchen Sie lediglich ein großes Leintuch auszulegen. Beschweren Sie es an den äußeren Ecken mit Steinen, damit es nicht so leicht fortfliegen kann. Bohren Sie mit einem Nagel Löcher in die Böden der Dosen. Füllen Sie mit leicht verdünnter Temperafarbe in jede Dose eine Farbe. Jetzt muss es schnell gehen, denn die Farbe läuft rasch aus den Löchern heraus. Mit schwingenden Bewegungen müssen die Kinder die Dosen über das Tuch führen. Sind die Dosen leer, so müssen sie sie neu auffüllen lassen oder sie geben dem Bild den letzten Schliff, indem sie mehrmals verdünnte Farbe mit dem Pinsel auf das Bild spritzen. Dabei spielt weniger das fertige Bild als der Gestaltungsprozess eine wichtige Rolle.

> **Künstler:** Jackson Pollock ist ein Vertreter dieser experimentellen Malerei. Bildbesprechung: z.B. „Nr. 32" Jackson Pollock, Kunstsammlung Nordrhein-Westfalen.
> **Epoche:** Actionpainting
> Hinweise zur Bildbesprechung finden Sie ab S. 170.

Zwei-Minuten-Bilder

ab 6 Jahre

EXPERIMENTIERFREUDE, MOTORIK, WAHRNEHMUNG, GESTALTUNG, TECHNIK

Material:

Zeitungen, Temperafarbe, Pinsel, Becher, Kleber

Hier geht es weniger um die fertigen Bilder als um den befreienden Malprozess. Jedes Kind erhält zehn Bogen Zeitungspapier. Dann beginnt der Malprozess. Es wird sehr schnell gemalt – alle zwei Minuten soll ein neues Bild entstehen. In dieser Zeit soll das Zeitungspapier größtenteils mit Farbe ausgefüllt werden. Die Malbewegung soll aus dem Schultergelenk erfolgen. Auf diese Art und Weise werden von jedem Kind 10 Bilder gemalt. Kleben Sie die Zeitungsbilder eines jeden Kindes anschließend auf der Rückseite überlappend zu einem großen Teppich zusammen.

Scheibenwischer malen gut!

ab 6 Jahre

EXPERIMENTIERFREUDE, FANTASIE UND KREATIVITÄT, MOTORIK, WAHRNEHMUNG, GESTALTUNG, TECHNIK

Material:

Recht glatte Raufasertapete, alte Scheibenwischer, Putzgeräte mit Wischvorrichtung, Temperafarbe, Klebeband

Schon einmal mit einem Scheibenwischer gemalt? Nein? Dann versuchen Sie es doch mal, es ist ganz einfach und macht viel Spaß! Kleben Sie dazu Raufasertapete großflächig auf dem Boden mit Klebeband fest. Träufeln Sie flüssige Temperafarbe auf die Tapete und verwischen Sie sie anschließend mit einem Wischer. So entstehen Bahnen, Schlieren und Spritzer. Dabei spielt der Gestaltungsprozess eine wichtigere Rolle als das fertige Bild.

> **Künstler:** Karl-Otto Götz ist ein Vertreter dieser experimentellen Malerei.
> **Epoche:** Actionpainting

Wir lassen Farben freien Lauf

ab 6 Jahre

EXPERIMENTIERFREUDE, KREATIVITÄT UND FANTASIE,
MOTORIK, WAHRNEHMUNG, GESTALTUNG, TECHNIK, KOOPERATION

Material:

ein großer Bogen fester Karton pro Gruppe, Temperafarbe, Wasser, leere Flaschen

Füllen Sie die Temperafarben jeweils mit etwas Wasser verdünnt und pro Farbe in eine eigene
Flasche. Achten Sie darauf, dass die Farbe eine sämige Konsistenz hat. Dann bilden die Kinder
Fünfergruppen. Vier aus der Gruppe halten nun die vier Seiten des Kartons fest und somit in
der Schwebe. Der Fünfte ist für das Gießen der Farbe über die Kartonfläche verantwortlich.
Hat dieser Farbe auf den Karton aufgetragen, müssen die vier anderen den Karton bewegen,
damit sich die Farbe auf dem Karton verteilt. Ist die Farbe vermalt oder im Karton versickert,
kann der Fünfte eine neue Farbe einsetzen.

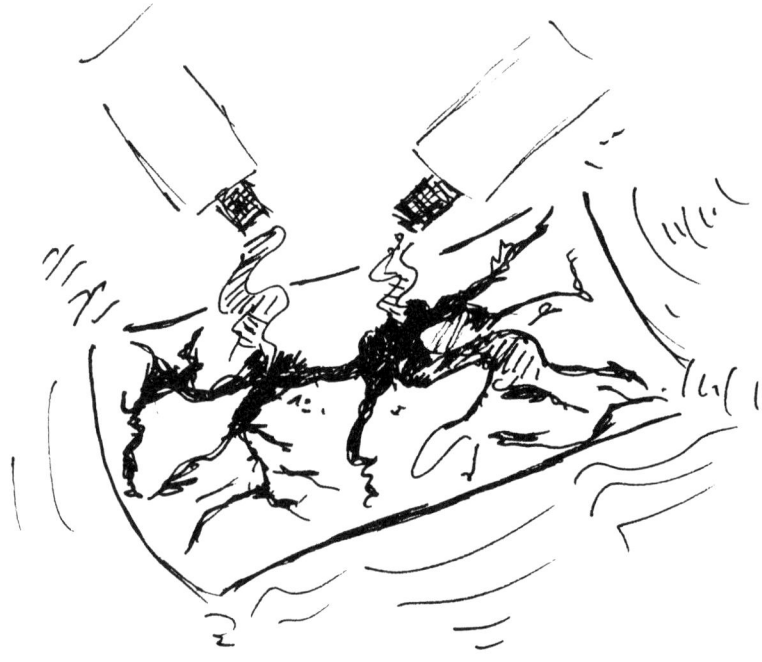

„Ich fühl mit dir"-Bild

ab 6 Jahre

EXPERIMENTIERFREUDE, FANTASIE UND KREATIVITÄT, MOTORIK, WAHRNEHMUNG,
GESTALTUNG, TECHNIK, SOZIALE KOMPETENZ, KOOPERATION, KOMMUNIKATION

Material:

Raufasertapete, Temperafarbe, Pinsel, Becher, Klebeband

Die Kinder bilden Zweiergruppen. Sie stehen sich am Tisch gegenüber. Jede Gruppe erhält
eine Tapetenbahn von ungefähr einem Meter Länge. Diese wird am Boden oder auf dem Tisch
festgeklebt. Die Malfläche wird in drei gleich große Felder eingeteilt. Die Kinder erhalten den
Auftrag, sich ein Gefühl zu überlegen, das sie ihrem Partner jedoch nicht mitteilen dürfen.
Haben sich alle ein Gefühl überlegt, so sollen sie dieses mit Hilfe von Form, Farbe, Symbolen
und Bewegungen in ein Bild umsetzen. Dazu hat jedes Kind die ihm am nächsten liegende
Malfläche zur Verfügung. Der mittlere Teil der Tapetenbahn bleibt frei. Sind beide mit ihrem
Bild fertig, beginnt nun ein weiterer Malschritt.

Die Kinder dürfen auch weiterhin den Inhalt ihres Bildes dem anderen nicht mitteilen. Denn
zuvor müssen sie gemeinsam die mittlere Malfläche ausgestalten. Dabei sollen sie in der
Auswahl ihrer Farben und Formen aufeinander zugehen und sich gegenseitig bereichern.

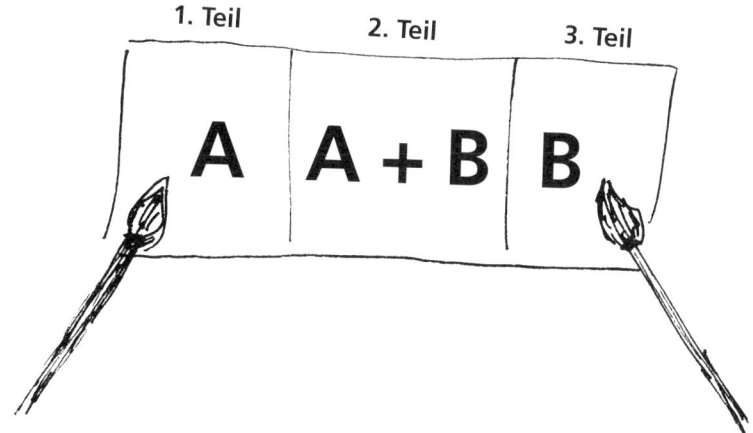

Variante:

• Kleben Sie zwei Bogen Tapetenrolle in Kreuzform übereinander.
  So kann diese Aufgabe auch in einer Vierergruppe gelöst werden.

**42   Aber ich kann   doch gar
             nicht   malen**

3 Malen heißt: außergewöhnliche Wege gehen

Aktivitäten rund ums Experimentieren

Kinder sind neugierig. Sie sind Entdecker und Erfinder, kleine Forscher und Wissenschaftler, die täglich neue Geheimnisse lüften um ihre Neugier zu befriedigen. Durch Versuch, Irrtum und Zufall erobern sie sich die Welt. Sie handeln, erproben und erfahren auf diese Weise Lösungen auf Fragen, die ihnen auf den Nägeln brennen. Dazu nutzen sie all ihre Sinne. Jede noch nicht erlebte Situation stellt für sie eine Art Versuchsaufbau dar, mit dem sie sich nicht passiv als Beobachter, sondern aktiv als Handelnder auseinander setzen. So erleben sie die Welt durch das selbstständige ungelenke Machen von Erfahrungen. Diese geben den Kindern individuell Antwort auf die immer wieder von ihnen gestellte Frage: „Was passiert, wenn?"

Kindern die Möglichkeit zum Experimentieren zu geben heißt somit Aktivitäten bei Kindern zu unterstützen, bei denen sie selbstständig zu Erkenntnissen gelangen können. Denn selbstständiges Erproben macht neue und bisher unbekannte Erfahrungen möglich. Experimentieren heißt aber auch dem Zufall eine Chance zu geben und Freiräume zur Verfügung zu stellen, die nicht von Regeln geprägt sind, sondern von dem Interesse, Dingen auf den Grund gehen zu dürfen.

Die folgende Geschichte kann Kindern als Zugang zur experimentellen Malerei dienen.

Als Jakob zaubern wollte

FREI NACH „DER ZAUBERLEHRLING"

Im Land der Roten, Gelben und Blauen lebte einst Klecks der Zauberer.

Er beherrschte 365 Zaubersprüche, ebenso viele, wie das Jahr Tage hat. Mit diesen Zauber-sprüchen malte er die landschaftlichsten Landschaftsbilder, die blumigsten Blumenbilder und die besten gemalten Fotografien der Welt, die man Porträts nennt. Seine zauberhafte Mal-kunst war über die Grenzen seines Landes hinaus bekannt.

Viele wünschten sich nichts sehnlicher, als bei ihm in die Lehre zu gehen um ebenso tolle Bilder zaubern zu können. Doch Klecks der Zauberer weihte jedes Jahr nur einen Lehrling in die hohe Kunst des Zauberns ein. Dieses Mal hatte er sich für den kleinen Jakob entschieden, der bei ihm nun in die Lehre gehen durfte.

Tag für Tag verriet Klecks der Zauberer Jakob das Geheimnis eines neuen Zauberspruches.

So beherrschte Jakob im Januar 31 Zaubersprüche, im Februar 59 Zaubersprüche, im März 90 Zaubersprüche, im April 120 Zaubersprüche, im Mai 151 Zaubersprüche und Ende Juni 181 Zaubersprüche.

Gerade jetzt, in der Hälfte des Jahres und in der Hälfte von Jakobs spannender Lehre musste Klecks der Zauberer für einen Tag verreisen. Er beauftragte Jakob diesen freien Tag zu nutzen um die Werkstatt und das Atelier zu säubern. Beide wollten am nächsten Tag sofort wieder ans Werk gehen.

Jakob war es strengstens verboten, alleine Zaubersprüche auszuprobieren. Doch kaum hatte Klecks der Zauberer die Tür hinter sich geschlossen, beschloss Jakob die Zaubersprüche, die er bisher gelernt hatte, alleine auszuprobieren. Denn immerhin beherrschte er das Zauber-Abc ja schon zur Hälfte und was sollte da schon schief gehen. So fing er an mit den Zaubersprüchen zu experimentieren:

„Eins, zwei, drei, vier, fünf, sechs, sieben, spann dich Malwand von hier bis drüben!

Hokuspokus Pinselein, gleich sollt ihr verzaubert sein!

Lirum, larum Schrubber, mache deine Tupfer!

Sim sala, sim salabim, schnell ihr Farben, malt was hin!

Abrakadabra all ihr Dinge, malt ein Bild aus meinem Sinne!"

Sofort liefen die Farben aus den Tuben, die Pinsel setzten sich wild in Bewegung, die Besen und Schrubber tauchten ein in Farbe, zogen wilde Spuren und tanzten über die Leinwand. Die Lappen wischten, die Wischer zischten und im Nu war ein sehr experimentelles Bild entstanden. Doch es war nicht das Bild, das Jakob malen wollte, es war ein ganz anderes und er musste sich eingestehen, dass ihm wohl doch noch einige Zaubersprüche fehlten, um so gut malen zu können wie Klecks der Zauberer. Deshalb wollte er auch sofort die Pinsel, die Farben, die Schrubber und die Lappen stoppen.

Doch, oh Schreck, Jakob war die entsprechende Zauberformel entfallen. Er probierte immer wieder sich an sie zu erinnern: „Lirum, larum Hinkebein gleich sollt ihr …, Hokuspokus all ihr Dinge, legt euch hin und … Mist!", es fiel ihm einfach der entsprechende Zauberspruch nicht ein und je mehr er verschiedene Zaubersprüche versuchte, desto wilder fingen die Pinsel an zu malen, die Schrubber zu tanzen und die Farben quollen wie wild aus den Tuben. Unentwegt rollte sich die Leinwand auf und spannte sich über die Rahmen. Die Pinsel malten, die Schrubber tupften, die Lappen wischten und die Wischer zischten.

So entstand ein experimentelles Bild nach dem anderen. Man konnte weder eine Landschaft erkennen noch Blumen, noch Menschen. Die ganze Werkstatt war mittlerweile bespritzt und kunterbunt. Über den Fußboden konnte man kaum noch laufen, überall waren Farbpfützen. Auf den Bildern befanden sich riesige Kleckse, Tupfer und Spritzer.

Das Einzige, was man auf den Bildern sah, waren große bunte Farbflächen in Rot, Gelb und Blau, die verwischt und vermischt und mit spitzen Werkzeugen etwas eingekratzt waren.

So entstand ein Bild nach dem anderen wie am Fließband, bis am Abend Klecks der Zauberer wieder nach Hause kam. Als er in die Nähe seiner Werkstatt kam, traute er seinen Augen kaum. Schon 1 km vor seinem Haus kamen ihm die Bilder entgegen.

Jakob lief außer Atem hin und her, denn so schnell wie Pinsel und Schrubber malten, kam er kaum nach, um die Bilder zum Trocknen aufzuhängen. „Lirum, larum Pinselein, gleich sollt ihr verzaubert sein, legt euch gleich an jenen Ort, wo der Zauber euch nahm fort!", sprach Klecks der Zauberer, der direkt den Ernst der Lage erkannt hatte. Kaum war der Zauber ausgesprochen, da lagen auch Pinsel, Schrubber, Lappen und Wischer wieder an jenem Ort, wo sie hingehörten, und die Tuben lagen verschlossen im Malkasten.

Jakob sank total erschöpft zu Boden und er schwor sich, solange seine Ausbildung nicht zu Ende war, nie mehr alleine mit Zaubersprüchen zu experimentieren.

Die Bilder, die er gemalt hatte, wurden weltberühmt und alle Museen wollten mindestens ein Bild haben, um es ausstellen zu können. Denn eine neue Kunstrichtung war geboren: die experimentelle Malerei.

Klebebandbilder

ab 6 Jahre

EXPERIMENTIERFREUDE, FANTASIE UND KREATIVITÄT,
MOTORIK, WAHRNEHMUNG, GESTALTUNG, TECHNIK

Material:

Kreppklebeband, Schere, Zeichenpapier, Temperafarbe, Pinsel, Becher, Wasser

Kreppklebeband kann Flächen vor Farben schützen. Diese Tatsache wird bei den Kreppband-
bildern benutzt um Bilder zu gestalten.

Die Kinder können das Kreppklebeband in einem Muster ihrer Wahl so auf das Zeichenpapier
kleben, dass noch freie Zwischenräume zwischen den Klebestreifen bleiben. Anschließend
malen sie mit bunten Farben über das Papier und die Klebestreifen. Ist die Farbe getrocknet,
ziehen sie das Kreppklebeband von
dem Zeichenpapier ab. Dort, wo
vorher das Klebeband war, befinden
sich nun unbemalte Flächen. Haben
die Kinder erst einmal verstanden,
dass Klebeband Farbe und Wasser
abweist, lässt diese Technik den
Kindern einen sehr großen experimentellen Spielraum.

Ganzkörpertrümmerbilder

ab 6 Jahre

EXPERIMENTIERFREUDE, FANTASIE UND KREATIVITÄT,
MOTORIK, WAHRNEHMUNG, GESTALTUNG, TECHNIK

Material:

großer Bogen Karton, Bleistift, Temperafarbe

Legen Sie den Karton auf dem Boden aus. Mehrere Kinder dürfen sich nun nacheinander auf
die Pappe legen. Während sie auf der Kartonage liegen, wird jeweils einer aus der Gruppe die
Umrisse des auf dem Boden Liegenden festhalten. So entstehen zahlreiche sich überschneidende Flächen. Die Kinder malen diese Flächen anschließend bunt aus.

Variante:

- Die Kinder bilden nur Füße, Arme oder Hände ab. Dadurch ändert sich die Darstellung.

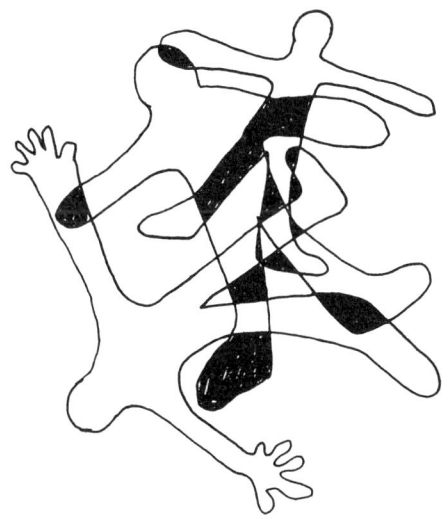

Brandbilder

ab 9 Jahre

EXPERIMENTIERFREUDE, FANTASIE UND KREATIVITÄT,
MOTORIK, WAHRNEHMUNG, GESTALTUNG, TECHNIK

Material:

Kerze, Feuer, Zeichenpapier, Wasser zum Löschen

Vorsicht!

Das, was verboten ist, ist immer am interessantesten. Warum also nicht einmal das verbotene „Spielen mit dem Feuer" als ein Gestaltungs-element aufgreifen? Lassen Sie die Kinder es nie ohne Aufsicht ausprobieren! Die Kinder bewegen das Papier über der Flamme einer Kerze ständig hin und her. Wird eine Stelle zu heiß, brennt sich ein Loch durch das Papier. Bewegen sie das Papier jedoch ständig über der Flamme, so entstehen ver-schiedene Brauntönungen. Experimentieren Sie am besten immer im Freien. Zusätzlich sollten Sie auf jeden Fall eine Schüssel mit Wasser griffbereit halten um brennendes Papier direkt ins Wasser werfen zu können.

Bild aus Ecken und Kanten

ab 9 Jahre

EXPERIMENTIERFREUDE, FANTASIE UND KREATIVITÄT,
MOTORIK, WAHRNEHMUNG, GESTALTUNG, TECHNIK

Material:

Papier, Zeichenstift (Bleistift, Filzstift), Buntstifte, Deckfarben, Wachsmalstifte

Die Kinder zeichnen über das ganze Blatt
ein Motiv als Umriss, z.B. eine Katze. Dann
durchkreuzen sie die Umrisszeichnung mit
einigen Querlinien. Dadurch entstehen auf
dem Blatt unterschiedliche eckige Felder,
die sie anschließend bunt ausmalen.

Künstler: Franz Marc. Betrachten Sie gemeinsam mit den Kindern eines seiner
expressionistischen Tierbilder, z.B. „Reh im Klostergarten", „Der Turm der blauen
Pferde", „Träumendes Pferd".
Epoche: Expressionismus
Hinweise zur Bildbesprechung finden Sie ab S. 170.

Baumrindenmalerei

ab 7 Jahre

EXPERIMENTIERFREUDE, FANTASIE UND KREATIVITÄT,
MOTORIK, WAHRNEHMUNG, GESTALTUNG, TECHNIK

Material:

Zeichenpapier DIN A3, Seidenpapier DIN A3, Kleister, Deckfarben, Pinsel

Vor dieser Malaktivität sollten Sie mit den Kindern verschiedene Baumrinden betrachten
und betasten. Im Folgenden sollen die Kinder das gestalten, was ihnen beim Betrachten und
Betasten aufgefallen ist.

Dazu kleistern sie das Zeichenpapier mit einem Pinsel ein. Anschließend legen sie das Seidenpapier über das Zeichenpapier. Dabei sollen die Kinder durch Knautschen und Verschieben des Seidenpapiers eine rindenähnliche Struktur auf dem Zeichenpapier erarbeiten. Ist der Kleister getrocknet, malen sie das Papier mit Farben, die für Rinden typisch sind (Grau, Braun, Grün …), aus.

Wenn Spielzeugautos malen ab 6 Jahre

EXPERIMENTIERFREUDE, FANTASIE UND KREATIVITÄT,
MOTORIK, WAHRNEHMUNG, GESTALTUNG, TECHNIK

Material:

Spielzeugautos der Kinder, Temperafarbe, Zeichenpapier, Pinsel, Becher

Betrachten Sie zuerst mit den Kindern, dass Gegenstände Spuren hinterlassen können. Auch Spielzeugautos können Spuren hinterlassen.
Dazu bemalen die Kinder die Räder der Autos mit Temperafarbe. Dann rollen sie mit den Autos über das Papier. Dabei hinterlassen die Autos Spuren auf dem Papier.

Wir bauen eine Malmaschine   ab 6 Jahre

EXPERIMENTIERFREUDE, FANTASIE UND KREATIVITÄT,
MOTORIK, WAHRNEHMUNG, GESTALTUNG, TECHNIK

Material:

zwei alte Stühle mit gleich hoher Rückenlehne, ein Holzrundstab bzw. ein Besenstiel, eine
leere, an einer Seite offene Konservendose, Nagel, Hammer, Seil, große Bogen Papier oder
Tapetenrolle und Temperafarbe

Mit einer Malmaschine malt es sich fast wie von selbst. Dabei können Sie eine solche Wunder-
maschine ohne großen Aufwand selbst herstellen. Stellen Sie zwei Stühle mit der Rückenlehne
so in einem Abstand gegeneinander, dass Sie den Besenstiel über beide Rückenlehnen legen
können. Bohren Sie mit dem Hammer und dem Nagel ungefähr 1 cm unter der Öffnung der
Dose zwei einander gegenüberliegende Löcher. Stanzen Sie anschließend mit dem Nagel
viele Löcher in den Boden der Dose. Ziehen Sie nun das Seil durch die seitlichen Löcher und
verknoten Sie es, sodass die Dose von dem Seil getragen wird. Befestigen Sie das Seil in der
Mitte des Besenstiels und legen Sie die Fläche zwischen den beiden Stühlen großflächig mit
Papier aus. Nun kann für die Kinder der Zeichenspaß beginnen.

Die Kinder füllen in die Dose leicht
verdünnte Temperafarbe und
bringen sie mit leichtem Schwung
in Bewegung. Dann kreist die mit
Farbe gefüllte Dose über das
Papier und hinterlässt ihre
Spuren.

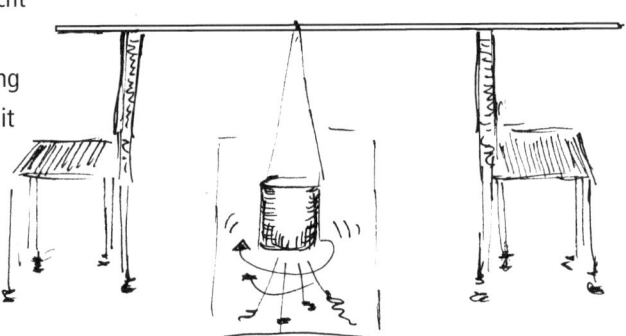

Künstler: Jackson Pollock ist ein Vertreter dieser experimentellen Malerei.
Bildbesprechung: z.B. „Nr. 32" von Jackson Pollock, Kunstsammlung
Nordrhein-Westfalen.
Epoche: Actionpainting
Hinweise zur Bildbesprechung finden Sie ab S. 170.

Mit Sand spachteln und ritzen   ab 6 Jahre

EXPERIMENTIERFREUDE, FANTASIE UND KREATIVITÄT,
MOTORIK, WAHRNEHMUNG, GESTALTUNG, TECHNIK

Material:

Temperafarbe, Sand, Spachtel, Spanplatte, Ritzwerkzeuge (wie z.B. Nagel, Hölzchen …)

Die Künstler, die sich mit experimenteller Kunst beschäftigen, haben sich eine Menge an leicht zu handhabenden Techniken einfallen lassen, die letztendlich die tollsten Effekte hervorrufen. Dazu gehört auch das Malen mit Sand. Vermischen Sie Temperafarbe mit Sand, sodass eine steife Masse entsteht, die sich mit einem Pinsel nicht mehr vermalen lässt. Am besten bereiten Sie sich gleich mehrere dieser Farbmassen vor. Um die Farbe auf die Spanplatte zu bringen, tragen die Kinder sie mit einem Spachtel etwa einen halben Zentimeter dick auf. Ist die Platte mit genügend Farbe versehen, ritzen die Kinder mit verschiedenen Werkzeugen in die Masse Spuren ein. Beim Trocknen entwickelt die Masse eine brüchige Oberflächenstruktur. Auch hier spielt weniger das fertige Bild als das Experimentieren mit Sand und Farbe eine wichtige Rolle.

Mit Sägemehl malen   ab 6 Jahre

EXPERIMENTIERFREUDE, FANTASIE UND KREATIVITÄT,
MOTORIK, WAHRNEHMUNG, GESTALTUNG, TECHNIK

Material:

Temperafarbe, Sägemehl, Leinen- oder Baumwolltuch, Kratzgegenstände (Gabeln, Nägel, Kämme …), Gegenstände, die Strukturen aufweisen, Spachtel, Teigschaber, Steine

Malen mit Sägemehl ist eine einfache Gestaltungsmöglichkeit. Legen Sie das Leintuch draußen im Freien aus und beschweren Sie es mit einigen Steinen an den Rändern, damit es nicht wegfliegen kann. Reichern Sie die Farbe mit Sägespänen an, damit die Farbe etwas steifer wird. Anschließend tragen die Kinder die Farbe dick auf das Leintuch auf. Sie ritzen nun mit Nägeln oder Gabeln in die nasse Farbe ein oder drücken Materialien mit Strukturen in die auf dem Tuch befindliche Farbmasse um Strukturen und Spuren in der Farbmasse hinterlassen.

Wenn sie zusätzlich Gegenstände mit Struktur unter das Tuch legen und mit einem Spachtel (Teigschaber) die Farbe wieder abkratzen oder schaben, so drückt sich die Oberflächenbeschaffenheit des untergelegten Gegenstandes durch.

Künstler: Antonio Tapies ist ein Vertreter dieser experimentellen Malerei.

Epoche: Abstrakte Malerei

Wir malen schwarz-weiß-Dias   ab 7 Jahre

EXPERIMENTIERFREUDE, FANTASIE UND KREATIVITÄT,
MOTORIK, WAHRNEHMUNG, GESTALTUNG, TECHNIK

Material:

ein entwickelter, nicht belichteter Diafilm, Nadeln für jedes Kind, Diaprojektor, glaslose Diarahmen

Wenn Sie den entwickelten Film betrachten, so werden Sie sehen, dass es zwei deutlich voneinander zu unterscheidende Seiten gibt. Eine Seite ist beschichtet, die andere nicht.

Schneiden Sie den Film, wie es die Einteilung vorsieht, in 36 kleinformatige Abschnitte, damit sie später in die Diarahmen passen. Jedes Kind erhält einen solchen Abschnitt und eine Nadel. Die Aufgabe der Kinder besteht darin, auf der beschichteten Seite mit der Nadel ein Muster, Motiv, Gegenstand etc. einzuritzen. Ist dies geschehen, rahmen sie ihre Dias und projizieren sie anschließend mit dem Projektor an eine weiße Wand (Dia-Leinwand).

Wir malen Dias

ab 6 Jahre

EXPERIMENTIERFREUDE, FANTASIE UND KREATIVITÄT,
MOTORIK, WAHRNEHMUNG, GESTALTUNG, TECHNIK

Material:

Glühlampenlack, Ohrstäbchen, Lappen, Nagellack, Glasdiarahmen, Diaprojektor, verschiedenfarbige transparente Folien, Verschiedene kleine Materialien, die in das Dia eingefügt werden
können (Wolle, Sand, Blüttenblätter, Gras …)

Sie können eine Diashow machen ohne zu fotografieren. Sie benötigen lediglich Glasdiarah-
men und Glühlampenlack. Die Kinder öffnen die Glasdiarahmen und malen eine Seite mit
Wattestäbchen mit unterschiedlich farbigem Glühlampenlack motivlos bunt.
Hierdurch entsteht ein wunderschönes Farbenspiel, das durch zugeschnittene Folien oder
Materialien, die in den Diarahmen hineingelegt werden, noch gesteigert werden kann.
Wegen des intensiven Geruchs des Glühlampenlacks sollten sie bei geöffnetem Fenster
oder draußen arbeiten. Mit Nagellackentferner können die Kinder ihre Hände reinigen.
Dank des Glühlampenlacks, der bei Hitze nicht schmilzt, können Sie die Dias in den Diaprojek-
tor einschieben und auf eine Leinwand projizieren. Mit den Dias können Sie auch sehr schöne
Kulissen gestalten, denn ohne viel Aufwand werden kleine Bilder zu großen Kunstwerken.

Bilderzählung

ab 6 Jahre

EXPERIMENTIERFREUDE, FANTASIE UND KREATIVITÄT,
MOTORIK, WAHRNEHMUNG, GESTALTUNG

Material:

Kunstpostkarte, Buntstifte, Filzstifte oder Wachsmalfarben, Zeichenpapier.

Suchen sie eine Kunstpostkarte mit einem einfach zu beschreibenden Motiv aus. Versuchen
Sie den Kindern dieses Motiv zu beschreiben. Die Kinder entwickeln bei der Beschreibung
ihre eigene Fantasie und ihre eigenen Bilder.
Anschließend sollen sie das Bild so darstellen, wie sie es sich auf Grund der Beschreibung
vorstellen. Anschließend sollen die entstandenen Bilder miteinander und mit dem Original
verglichen werden.

Wenn Wolle malt

ab 6 Jahre

EXPERIMENTIERFREUDE, FANTASIE UND KREATIVITÄT,
MOTORIK, WAHRNEHMUNG, GESTALTUNG, TECHNIK

Material:

Temperafarbe, Zeichenpapier DIN A3, dicker Katalog, Pinsel,
Zeitungen, Wollfaden (30cm lang)

Wolle kann die herrlichsten Bilder in kürzester Zeit malen.
Dazu legen die Kinder zuerst Zeitungen aus und färben
dann den Faden mit dem Pinsel mit Farbe ein. Anschließend
falten sie das Zeichenpapier in der Mitte und legen den
Faden so zwischen die zwei zusammengelegten Seiten des
Zeichenpapiers, dass ein Stück des Wollfadens noch heraus-
hängt.

Dieses zusammengeklappte Zeichenpapier legen sie mit dem
Faden zwischen die Seiten eines schweren Kataloges. Nun
drücken sie fest mit einer Hand auf den Katalog, während
sie mit der anderen Hand den Faden zwischen den Seiten
herausziehen.

Bilder entstellen

ab 7 Jahre

EXPERIMENTIERFREUDE, FANTASIE UND KREATIVITÄT,
MOTORIK, WAHRNEHMUNG, GESTALTUNG, TECHNIK

Material:

Porträt aus einer Zeitschrift, Filzstifte

Telefonieren wir und vor uns liegt eine Zeitung, kritzeln wir häufig gedankenlos mit dem Kugelschreiber in ein Porträt hinein. Genau darin besteht die Aufgabenstellung für die Kinder. Die Kinder suchen sich ein Bildnis einer Person aus einer Zeitschrift heraus. Sie sollen dann das Porträt entstellen, indem sie ihm eine Brille, Schnurrbart, Bart, Pickel usw. malen.

Variante:

- Kopieren Sie ein Porträt für alle. Dieses soll anschließend
  mit Deckmalfarbe bunt ausgestaltet werden.

> **Künstler:** Andy Warhol
> **Bildbesprechung:** Andy Warhol, „Marilyn"
> Hinweise zur Bildbesprechung finden Sie ab S. 170.

Marmorierpapier

ab 6 Jahre

EXPERIMENTIERFREUDE, FANTASIE UND KREATIVITÄT,
MOTORIK, WAHRNEHMUNG, GESTALTUNG, TECHNIK

Material:

Zeichenpapier DIN A3, verdünnte Dispersionsfarbe, angerührter Tapetenkleister, kleines Sieb, Zahnbürste, Borstenpinsel

Das Zeichenpapier wird von den Kindern mit Kleister eingestrichen. Dann tauchen sie die Zahnbürste in die Dispersionsfarbe. Anschließend halten sie das kleine Sieb und die Zahnbürste über das eingekleisterte Zeichenpapier. Sie streichen die Farbe mit der Zahnbürste durch das Sieb. Dadurch entstehen farbige Spritzer, die im feuchten Kleister verlaufen und marmorähnliche Muster hinterlassen. Die entstandenen bunten Papiere eignen sich für Bucheinbände und Schmuckpapiere.

Wir lassen Murmeln malen   ab 6 Jahre

EXPERIMENTIERFREUDE, MOTORIK, TECHNIK, FANTASIE
UND KREATIVITÄT, GESTALTUNG, WAHRNEHMUNG

Material:

Deckel eines Schuhkartons, Zeichenpapier in der Größe des Schuhdeckels, Dispersionsfarben,
Murmeln

Die Kinder legen das Zeichenpapier in die Schuhschachteldeckel. Dann wählen sie sich
mehrere Farben aus (höchstens drei), die sie in Form eines Kleckses auf das Papier im Deckel
auftragen. Dann beginnt die Arbeit der Murmeln. Diese werden in den Deckel gelegt. Durch
Hin- und Herbewegen des Deckels setzen sich die Murmeln in Bewegung und verteilen die
Farbe willkürlich auf dem Papier. Die entstandenen bunten Papiere eignen sich sehr gut für
Bucheinbände und Schmuckpapiere.

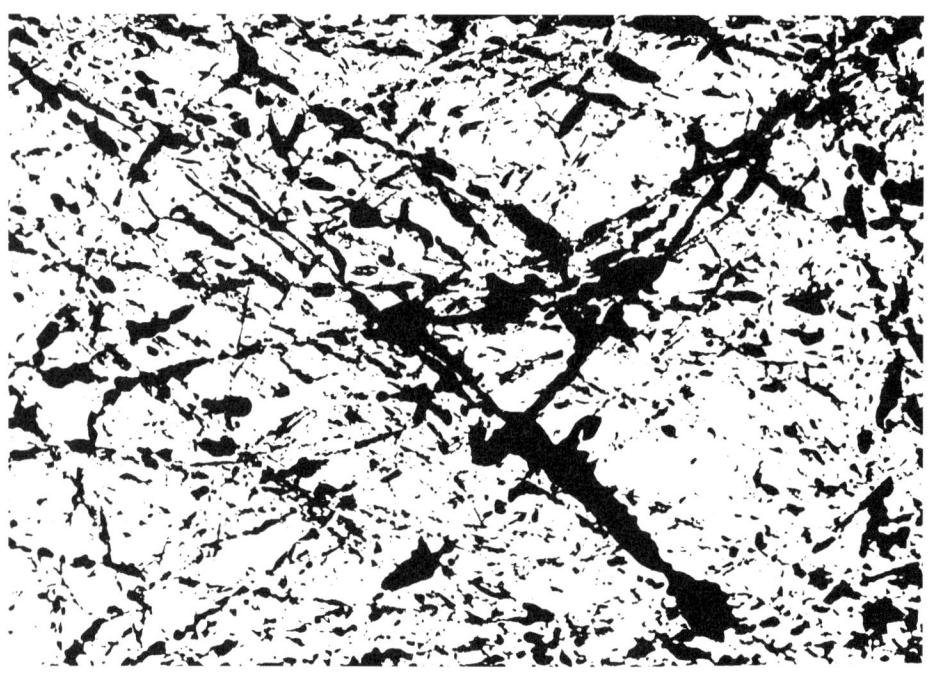

Malen mit dem Bügeleisen

ab 6 Jahre

EXPERIMENTIERFREUDE, MOTORIK, TECHNIK, FANTASIE
UND KREATIVITÄT, GESTALTUNG, WAHRNEHMUNG

Material:

Wachsmalreste, Reibe, Bügeleisen, Butterbrotpapier oder Wachspapier.

Vorsicht!

Malen mit dem Bügeleisen nennt man auch Enkaustik. Ein komplizierter Begriff für eine einfache Sache. Um mit dem Bügeleisen malen zu können zerreiben die Kinder mit einer Reibe
Wachsmalreste über dem Butterbrotpapier. Darüber wird ein weiterer Bogen Butterbrotpapier
gelegt. Nun wird das Ganze mit einer Zeitung abgedeckt. Anschließend bügeln die Kinder
mit einem warmen Bügeleisen über die Zeitung. Achten Sie darauf, dass das Bügeleisen nicht
zu heiß ist und dass die Kinder nicht zu stark mit dem Bügeleisen drücken, damit die Farben
zwischen den beiden Butterbrotpapierbogen nicht völlig ineinander verschwimmen. Hält man
das abgekühlte Bild gegen das Licht, so erscheint ein transparentes Kunstwerk. Die Ergebnisse
lassen sich sehr gut zu Laternen oder Windlichtern verarbeiten.

Variante:

- Zu den Wachsmalresten lassen sich sehr gut auch Naturmaterialien
  (Gräser, gepresste Blumen …), Konfetti, Papierschnipsel usw. legen.
  Dadurch entsteht ein zusätzlicher Effekt.

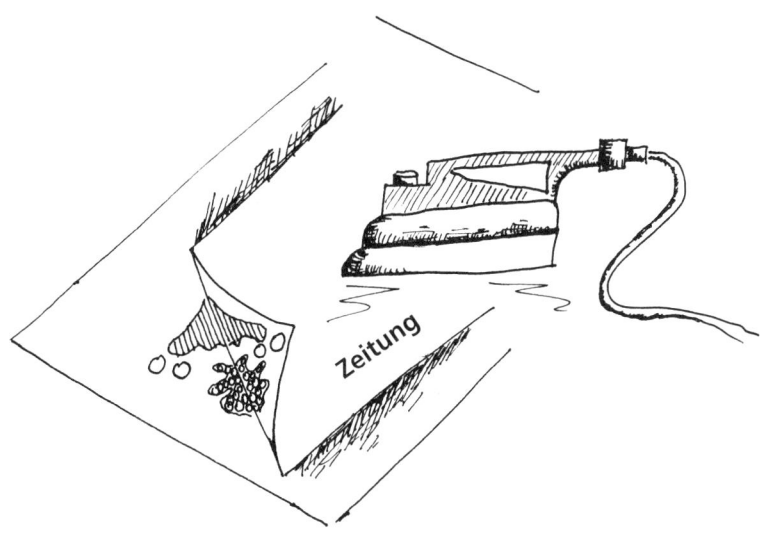

Abklatschbügelbilder   ab 6 Jahre

Material:

Wachsmalstifte, Bügeleisen, Zeitungspapier, Papier

Vorsicht!

Das Abklatschverfahren nennt man auch Decalcomanieverfahren. Dazu falten die Kinder das Papier in der Mitte. Dann malen sie auf eine Seite ein buntes Farbmuster mit Wachsmalstiften dick auf. Anschließend klappen sie das Blatt an der Mittellinie zusammen und legen ein Stück Zeitung darüber. Nun bügeln sie mit einem heißen Bügeleisen über das Zeitungspapier. Dabei schmilzt die Wachsmalfarbe und hinterlässt einen spiegelbildlichen Abdruck auf dem Papier.

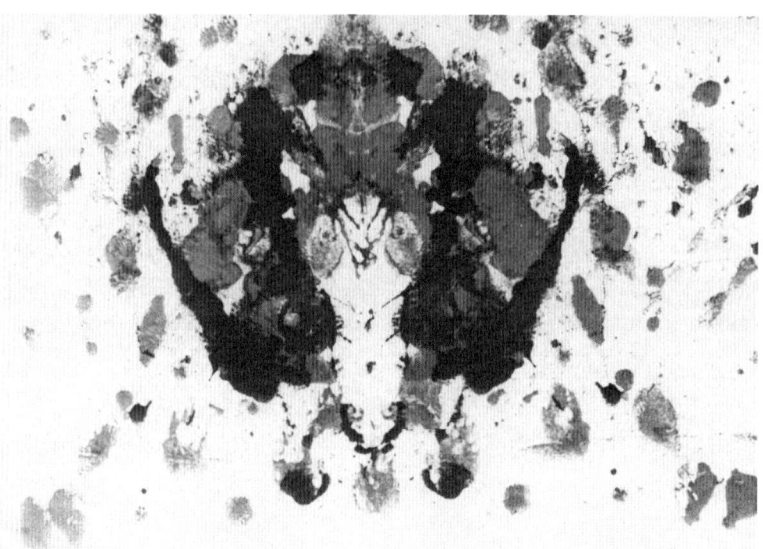

Künstler und Epoche: Der Surrealist Max Ernst hat das Decalcomanieverfahren in vielen seinen Bildern benutzt.

Bildbetrachtung: z.B. „Faszinierende Zypressen" 1940, Hannover, Sprengel-Museum.

Hinweise zur Bildbesprechung finden Sie ab S. 170.

Wachsmalbilder mit Struktur

EXPERIMENTIERFREUDE, MOTORIK, TECHNIK, FANTASIE
UND KREATIVITÄT, GESTALTUNG, WAHRNEHMUNG

Material:

Sandpapier oder Strukturtapete, Wachsmalfarben, Papier, Bügeleisen

Vorsicht!

Bei dieser einfachen Übung malen die Kinder zwar mit Farbe ihr Motiv auf den Malgrund.
Doch den eigentlichen Effekt erhält das Bild letztendlich durch die Struktur des Malgrundes.
Auf Sandpapier malen die Kinder mit Wachsmalstiften ein Bild.
Darüber legen sie anschließend ein Blatt Papier und dann eine Lage Zeitungspapier. Dann
bügeln sie mit einem heißen Eisen über die Zeitung.
Dadurch entsteht ein Wachsmalbild, das sehr stark durch Punkte oder eine Struktur geprägt ist.

Farbattacke

EXPERIMENTIERFREUDE, MOTORIK, TECHNIK, FANTASIE
UND KREATIVITÄT, GESTALTUNG, WAHRNEHMUNG

Material:

Deckmalfarben, Zeichenpapier, Pinsel, Becher, Wasser

Es handelt sich hier um eine Art Pinselkampf. Zu dieser Übung bilden die Kinder Zweiergruppen. Jede Gruppe erhält einen Bogen Zeichenpapier. Jeder entscheidet sich für eine Farbe
ohne dies dem Spielpartner mitzuteilen. Dann beginnt der geleitete Pinselkampf. Dazu erzählt
der Spielleiter langsam eine Art Farb-Kampfgeschichte, die die Gruppenmitglieder mit Hilfe
des Pinsels auf dem Papier nachstellen sollen.

Die Geschichte kann etwa so lauten:

Zwei Farben belauern sich. Langsam kommen sie aus ihrem Versteck heraus. Sie schleichen
sich an. Sie gehen jedoch erneut in Deckung. Sie versuchen ein zweites Mal vorzustoßen,
ziehen sich jedoch wieder zurück. Doch dann brechen sie hervor. Sie umkreisen sich und
attackieren sich und ergreifen dann voreinander die Flucht.

Aber ich kann doch gar nicht malen

4 Malen heißt: gemeinschaftlich spielerisch gestalten

Aktivitäten rund um Malspiele

Gemeinschaftliches Tun ist im schulischen Alltag nicht mehr wegzudenken. Es stellt eine echte Alternative zur häufigen Einzelarbeit dar. In Gruppen- und Partnerarbeit werden viele Projekte durchgeführt.

Auch im Kunstunterricht gibt es die Möglichkeit, Bilder gemeinschaftlich zu erstellen und in einer Gruppe an einem bildnerischen Gesamtprozess zu arbeiten. In diesem Zusammenhang bedeutet partnerschaftliches, spielerisches Malen eine Steigerung des kreativen Potenzials eines jeden Beteiligten.

Den kreativitätsfördernden Aspekt von gemeinsam erstellten Bildern erkannten schon Künstler früherer Epochen, welche sich zu Werkstätten, Bauhütten und Künstlergruppen zusammenschlossen um gemeinsam zu arbeiten. Kollektives Malen ist jedoch nicht nur kreativitätsfördernd, sondern dient auch sozialpädagogischen Zielsetzungen.

Dabei stehen das Erlernen sozialer Kompetenz sowie Kooperations- und Interaktionsfähigkeit im Mittelpunkt. Das bedeutet konkret, Kinder lernen dem anderen zuzuhören, sich zu äußern, zu diskutieren, eigene Ideen zu variieren, Vorschläge anderer zu akzeptieren und gemeinsames Tun zu planen. Gemeinsam etwas zu machen bringt Spaß!

Gerade die Freude beim spielerisch-experimentellen Gestalten kann das Interesse an Kunst erhalten oder es wieder entdecken. Dabei geht es oftmals weniger um das fertige Bild als um den Gestaltungsprozess.

Probieren Sie doch die Möglichkeiten des gemeinsamen spielerischen Malens aus. Sie werden sehen, sie werden Ihnen wie auch den Kindern mit ganz einfachen Mitteln und wenig Aufwand viel Freude bereiten und dabei Kindern auch Kenntnisse und Fähigkeiten im kreativen und sozialen Bereich vermitteln.

Rückenbild

ab 6 Jahre

EXPERIMENTIERFREUDE, FANTASIE UND KREATIVITÄT, MOTORIK,
WAHRNEHMUNG, GESTALTUNG, SOZIALE KOMPETENZ, KOOPERATION

Material:

Klebeband, Aquarellpapier, Aquarellfarbe, schwarzer Filzstift, Musik

Auf Schritt und Tritt vollzieht man Bewegungen und Rhythmen. Den Rhythmus unserer
Bewegung können die Kinder als Bewegungsspur festhalten. Dazu bilden die Kinder Zweiergruppen. Einem der Kinder wird Aquarellpapier mit Klebeband auf dem Rücken befestigt. Das
andere Kind erhält einen schwarzen Filzstift. Legen Sie Musik auf, zu deren Rhythmus sich
das Kind mit dem Blatt bewegen soll. Dabei kann es, je nachdem was die Musik ihm vorgibt,
tänzerische Bewegungen machen, schreiten, marschieren etc. Sein Partner hat
währenddessen die Aufgabe, den Filzstift auf den Rücken des Part-
ners zu halten und die Bewegungsspur auf dem
Aquarellpapier festzuhalten. Nach ungefähr drei
Minuten tauschen die Partner ihre Rollen. Danach
gestalten die Kinder das Bild mit Aquarellfarbe,
indem sie die entstandenen weißen Flächen
farbig ausmalen.

Tipp:

Weisen Sie die Kinder darauf hin, dass
sie bei dieser Aktivität einen Malkittel
tragen sollen, damit ihre Kleidung
nicht bemalt wird.

Geheime Schriftzeichen ab 7 Jahre

EXPERIMENTIERFREUDE, FANTASIE UND KREATIVITÄT, MOTORIK,
WAHRNEHMUNG, GESTALTUNG, SOZIALE KOMPETENZ, KOOPERATION

Material:

Dicker Filzstift, Wachsmalstifte, Zeichenpapier

Es gibt chinesische Schriftzeichen, Hieroglyphen, römische Zahlen und viele andere fremdartige Schriftzeichen. Vielleicht haben Sie die Möglichkeit, Kindern solche Schriften zu zeigen. Kinder finden solche andersartigen „Buchstaben" spannend und geheimnisvoll. Einige solcher geheimer Schriftzeichen sollen die Kinder als Alphabet nun mit Filzstift selbst entwickeln. Haben sie eine Anzahl solcher Schriftzeichen entworfen, sollen sie diese zu einem zusammenhängenden Muster miteinander verbinden (so als sei ein zusammenhängender Text geschrieben worden). Anschließend gibt jeder sein Bild an seinen Nachbarn weiter. Dieser darf nun das Muster anmalen.

Variante:

- Jedes Kind schreibt an seinen Nachbarn einen kurzen Brief.
  Dabei darf es keinen Buchstaben benutzen.

Labyrinth

ab 7 Jahre

EXPERIMENTIERFREUDE, FANTASIE UND KREATIVITÄT, MOTORIK,
WAHRNEHMUNG, GESTALTUNG, SOZIALE KOMPETENZ, KOOPERATION

Material:

Zeichenpapier, dicker Filzstift, Buntstifte

Jedes Kind zeichnet ein Labyrinth. Dazu haben die Kinder die Großdruckbuchstaben E, F, L
und T zur Verfügung um die Wände des Irrgartens zu bilden. Zusätzlich können sie die Buchstaben unterschiedlich miteinander kombinieren um eine Wand zu bauen. Die Kinder

müssen nicht alle vier Buchstaben für eine Wand
verwenden. Sie können auch drei, zwei oder
auch nur einen auswählen. Jeder Buchstabe
darf jedoch nur einmal in einer Labyrinthwand
vorkommen. Zwischen den Wänden entstehen so die Irrwege. Ist das Labyrinth fertig,
so geben die Kinder das Blatt an den linken
Nachbarn weiter. Dieser muss Wege von einer
Seite zur anderen Seite herausknobeln. Jeder
entdeckte Weg erhält durch Ausmalen eine
andere Farbe.

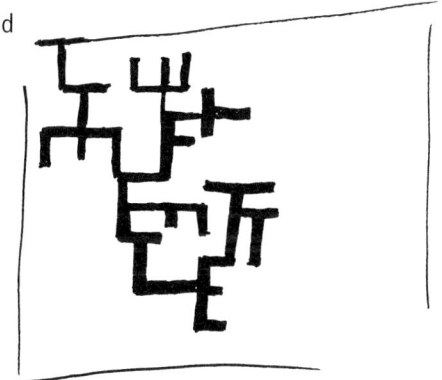

Der tanzende Filzstift

ab 6 Jahre

EXPERIMENTIERFREUDE, FANTASIE UND KREATIVITÄT, MOTORIK, WAHRNEHMUNG,
GESTALTUNG, SOZIALE KOMPETENZ, KOOPERATION, INTERAKTION

Material:

Zeichenpapier, Filzstifte in Rot, Gelb, Blau, Grün, Orange oder Violett, Musik

Die Kinder bilden Dreier- oder Sechsergruppen. Jede der Gruppen erhält einen andersfarbigen
Filzstift. Es darf nicht gesprochen werden. Das Kind mit den längsten Haaren beginnt, sobald
die Musik spielt, mit seinem Stift über das Papier zu tanzen. Dabei darf es den Stift so lange
nicht absetzen, bis die Musik aufhört zu spielen. Erklingt die Musik von neuem, so ist der

Nächste in der Gruppe mit seiner Farbe an der Reihe.
Dabei muss er jedoch dort beginnen, wo sein Vorgänger
aufgehört hat. Die Linien dürfen sich nicht überkreuzen.

Varianten:

Endlosbild

- Die Ausgangssituation bleibt gleich. Diesmal
  dürfen sich die Linien jedoch überschneiden.

Brückenbild

- Die Ausgangssituation bleibt gleich. Jedes Mal,
  wenn ein Kind eine Linie überkreuzen will, muss
  es diese überspringen. Dazu setzt es den Stift
  auf der einen Seite ab und auf der anderen
  Seite wieder auf. Die übersprungene Stelle
  wird mit einem Kreis markiert.

Dunkel darf schneiden

- Die Ausgangssituation bleibt gleich. Jetzt sind
  aber folgende Regeln zu beachten: Hellere Farben müssen dunklere Farben überspringen. Die
  dunkleren Farben dürfen die helleren überschneiden.
  Folgende Farbreihenfolge von hell nach dunkel zählt:
  Gelb, Orange, Rot, Grün, Violett, Blau.

Brückenbild

Dreizügebild

ab 6 Jahre

EXPERIMENTIERFREUDE, FANTASIE UND KREATIVITÄT, MOTORIK, WAHRNEHMUNG,
GESTALTUNG, TECHNIK, SOZIALE KOMPETENZ, KOOPERATION, INTERAKTION

Material:

Zeichenpapier, dicke Filzstifte, Temperafarbe, Pinsel, Becher

Die Kinder bilden Vierer- oder Fünfergruppen. Jedes Gruppenmitglied überlegt sich pro
Spielrunde einen Gegenstand, den es darstellen will. Diesen Gegenstand darf niemand

dem anderen mitteilen. Um dieses erdachte Objekt auf Papier festzuhalten hat jeder nur drei Strichzüge zur Verfügung, die sich über das gesamte Zeichenpapier ausdehnen sollten. Dabei kann jeder die Strichzüge, die seine Gruppenmitglieder bereits vorher für einen anderen Gegenstand gemalt haben, in seine Zeichnung mit einbeziehen. Jeder zeichnet dort weiter, wo sein Vorgänger zu malen aufgehört hat. Die Kinder dürfen Linien überkreuzen, aber nie nochmals überfahren. Das Zeichenspiel soll über zehn Runden gespielt werden. Pro Runde darf sich jeder einen neuen Gegenstand ausdenken. Nach zehn Runden gestalten die Kinder das Bild gemeinsam mit Farbe aus.

Dabei sollten sie pro erkennbarem Gegenstand eine Farbe benutzen. Oft überschneiden sich Flächen verschiedener erkennbarer Objekte. Dort werden die Farben einfach übereinander gemalt.

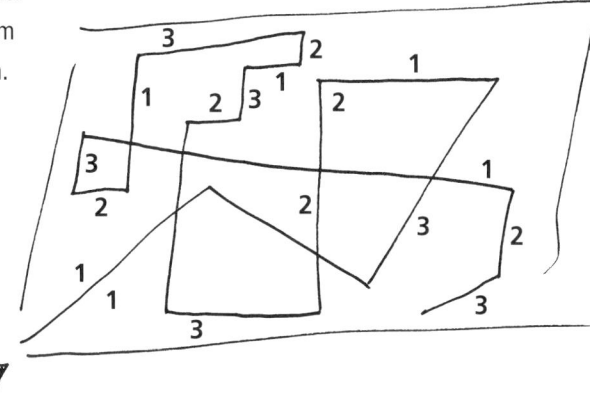

Was ich an dir mag · ab 6 Jahre

EXPERIMENTIERFREUDE, FANTASIE UND KREATIVITÄT, MOTORIK,
WAHRNEHMUNG, GESTALTUNG, SOZIALE KOMPETENZ, KOOPERATION, INTERAKTION

Material:

ein großer Bogen Zeichenpapier, Deckmalfarben, Bleistift

Die Kinder bilden Viergruppen. Jedes Kind erhält einen großen Bogen Zeichenpapier. Der Bogen wird mit dem Bleistift durch eine horizontal und eine vertikal verlaufende Linie in vier gleich große Rechtecke eingeteilt. Auf die Rückseite des Blattes schreiben die Kinder ihre Namen. Nun beginnt das Malen. In das erste Rechteck der vier Bögen malt jedes Kind der Gruppe, was es gerade fühlt. Dann gibt jedes Kind sein Zeichenblatt an seinen Nachbarn weiter. Dieser malt nun in das zweite Rechteck, wie der Besitzer des Zeichenpapiers auf ihn wirkt. Dann wird der Bogen an den Nächsten in der Gruppe weitergegebe; dieser malt nun in

das dritte Rechteck die Antwort auf die Frage: „Was mag ich besonders an dem Besitzer des Zeichenpapiers leiden?" Dann wird der Bogen Papier nochmals weitergegeben. Nun soll auf die vierte Frage malend geantwortet werden: „Was würde ich dir am liebsten schenken?"

Um die Antworten zu malen hat jedes Kind ungefähr 5 Minuten Zeit.
Im Anschluss sollten sich die Kinder über das entstandene Bild unterhalten.

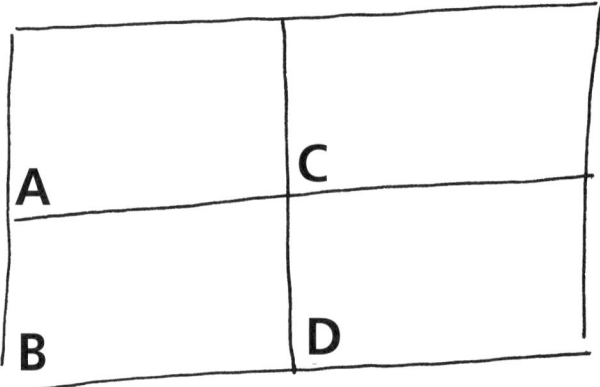

Fetzenbild

ab 6 Jahre

EXPERIMENTIERFREUDE, FANTASIE UND KREATIVITÄT, MOTORIK,
WAHRNEHMUNG, GESTALTUNG, TECHNIK, SOZIALE KOMPETENZ, KOOPERATION

Material:

Papier, dicker schwarzer Filzstift, Temperafarben, Klebstoff

Mit einem dicken Filzstift erproben die Kinder, welche Fähigkeiten ein Stift haben kann. Erzählen Sie dazu, was so ein Stift alles kann: Er kann Kreise ziehen, kann sich wie eine Schlange bewegen, er kann über das Blatt Schleifen laufen und Treppen steigen, er kann Blitze malen, hüpfen und springen, er kann auf Berge klettern und Täler durchwandern, er kann im Zickzack laufen und Bogen ziehen. Er kann Spiralen auf dem Eis laufen und Schneckenhäuser bauen. Er kann Wellen malen und es regnen lassen …
Lesen Sie langsam vor, was der Stift so alles kann. Während des Vorlesens sollen die Kinder mit ihrem Filzstift diese Bewegungen auf ihrem Blatt nachvollziehen. Ist das Vorlesen beendet, malen sie mit Temperafarbe die Zeichnung farbig aus.

Sind die Bilder fertig gemalt, zerreißt jedes Kind sein Bild und gibt einen großen Fetzen seines gemalten Bildes an seinen linken Tischnachbarn weiter. Dieser klebt diesen Fetzen auf ein neues Zeichenblatt und baut den Fetzen in ein eigenes Bild (z.B. in einen Vogel, Heißluftballon, Kirchenfenster usw.) ein.

> **Künstler und Epoche:** Paul Klee spielte in vielen seiner Bilder mit der Linie.

Filzstiftkampf   ab 7 Jahre

EXPERIMENTIERFREUDE, FANTASIE UND KREATIVITÄT, MOTORIK, WAHRNEHMUNG, GESTALTUNG, TECHNIK, SOZIALE KOMPETENZ, KOOPERATION, DURCHSETZUNGSVERMÖGEN, INTERAKTION

Material:

Zeichenblatt, Klebeband, ein Filzstift

Die Kinder bilden Zweiergruppen. Das Papier wird mit Klebeband auf dem Boden befestigt. Jedes Kind einer jeden Gruppe überlegt sich ein Motiv, das es darstellen möchte. Die Motive dürfen die Kinder einander nicht mitteilen. Nun erhält jede Gruppe einen Filzstift. Den Stift sollen sie gemeinsam halten, und dabei das eigene Motiv auf dem Papier durchsetzen. Dabei kann es zu einer „zeichnerischen Kraftprobe" kommen.

Selbstporträt   ab 7 Jahre

EXPERIMENTIERFREUDE, FANTASIE UND KREATIVITÄT, MOTORIK, WAHRNEHMUNG, GESTALTUNG, TECHNIK, SOZIALE KOMPETENZ, KOOPERATION, KOMMUNIKATION, INTERAKTION

Material:

Zeichenpapier, Filzstift

Jedes Kind zeichnet ein Selbstporträt. Dabei kommt es weniger auf die Abbildungstreue an als auf eigene charakteristische Merkmale (Hakennase, Kartoffelnase, Frisur, dicke Backen, Lächeln, Zahnlücke, Brille usw.).

Nach ungefähr fünf Minuten sollen die Porträtzeichnungen beendet sein. Dann falten alle ihre Porträts zusammen und legen sie in die Mitte eines Stuhlkreises. Alle Mitspieler ziehen eine Zeichnung aus der Mitte, falten sie auf und versuchen nun nacheinander, den Maler des Porträts herauszufinden. Dabei sollen die Kinder auf Formulierungen achten wie: Ich glaube, dass es sich bei meinem Porträt um … handelt, weil …

Dem Stift des anderen folgen

ab 6 Jahre

EXPERIMENTIERFREUDE, FANTASIE UND KREATIVITÄT, MOTORIK, WAHRNEHMUNG,
GESTALTUNG, TECHNIK, SOZIALE KOMPETENZ, KOOPERATION, KOMMUNIKATION

Material:

Zeichenpapier, zwei verschiedenfarbige Filzstifte, Wolle, Seil oder Draht, Klebeband

Die Kinder bilden Zweiergruppen. Jede Gruppe erhält einen Bogen Zeichenpapier und jedes
Kind einen Filzstift. Das Papier wird mit Klebeband am Tisch befestigt. Die Mitspieler setzen
sich am Tisch einander gegenüber. Sie einigen sich, wer das Bildmotiv zeichnerisch bestimmt
und wer sich führen lässt. Dann werden die Stifte ungefähr im oberen Viertel mit Wolle, Seil
oder Draht zusammengebunden. Nun kann das Malen beginnen. Dadurch dass die Stifte
zusammengebunden sind, kann nur ein Spieler sein Motiv malen, der andere Mitspieler muss
der Strichführung des anderen folgen.

Zeichenkampf

ab 7 Jahre

EXPERIMENTIERFREUDE, FANTASIE UND KREATIVITÄT, MOTORIK,
WAHRNEHMUNG, GESTALTUNG, TECHNIK, SOZIALE KOMPETENZ, KOOPERATION,
KOMMUNIKATION, INTERAKTION, DURCHSETZUNGSVERMÖGEN

Material:

Zeichenpapier, Filzstifte, Klebeband

Die Kinder bilden Zweiergruppen. Bei der Gruppenbildung ist darauf zu achten, dass nur
Rechtshänder und nur Linkshänder miteinander spielen. Die zwei Mitspieler stehen sich
am Tisch gegenüber. Jeder Mitspieler überlegt sich ein Motiv, das er malen möchte. Er teilt
sein Motiv seinem Spielpartner nicht mit. Das Zeichenpapier wird mit dem Klebeband auf
dem Tisch festgeklebt. Jeder Mitspieler nimmt nun seinen Stift in die Hand, mit der er malt
(für Rechtshänder rechts; für Linkshänder links). Die andere Hand legen sie an den Stift des
Nachbarn. Nun beginnt das Malen. Dabei muss jeder Spieler mit dem Stift und der Hand des
anderen Mitspielers mitmalen.

Wir malen ein Wundertier

ab 6 Jahre

EXPERIMENTIERFREUDE, FANTASIE UND KREATIVITÄT, MOTORIK, WAHRNEHMUNG,
GESTALTUNG, TECHNIK, SOZIALE KOMPETENZ, KOOPERATION, KOMMUNIKATION

Material:

großes Zeichenblatt, Zeichenstift, Temperafarbe, Pinsel, Becher, Wasser

Die Kinder bilden Zweiergruppen. Das Zeichenblatt wird waagerecht ausgelegt und senkrecht
in drei große Teile geteilt. Erteilen Sie jedem Mitspieler einer Gruppe einen anderen „tieri-
schen" Malauftrag (z.B. Schwanz eines Drachen und Kopf eines Elefanten). Diesen Malauftrag
dürfen die Kinder sich untereinander nicht mitteilen. Sie dürfen sich nur darüber einigen, in
welche Richtung das Tier schaut. Dann kann das Malen beginnen. Ein Kind malt den Drachen-
schwanz auf die eine äußere Papierfläche des Blattes, das zweite Kind den Elefantenkopf auf
die andere äußere Papierfläche. Der mittlere Teil des Zeichenpapiers bleibt frei. Sind beide
Bilder vollständig, malen die Kinder die beiden Motive im mittleren Teil des Zeichenblattes
gemeinsam weiter, sodass ein Fantasietier entsteht.

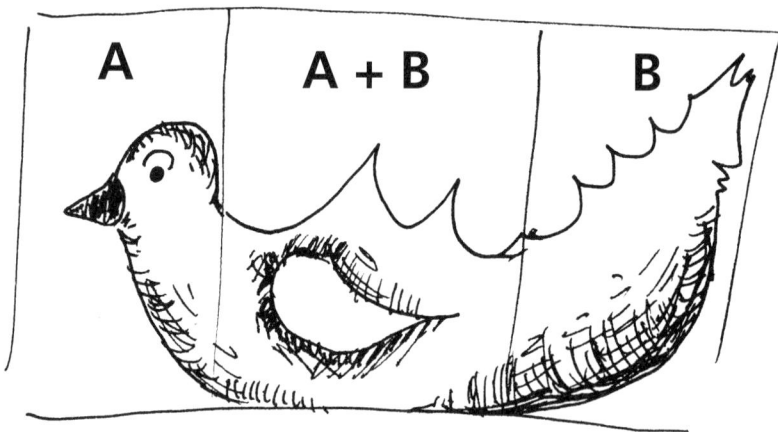

Zwei Bilder auf einen Schlag

ab 7 Jahre

EXPERIMENTIERFREUDE, FANTASIE UND KREATIVITÄT, MOTORIK, WAHRNEHMUNG,
GESTALTUNG, TECHNIK, SOZIALE KOMPETENZ, KOOPERATION, KOMMUNIKATION

Material:

Aquarellfarben, Aquarellstifte, Pinsel, Becher, Schere, Klebstoff, für jedes Kind 4 Bogen
Aquarellpapier DIN A3

Diese Art des experimentellen Kooperationsbildes eignet sich sehr gut zum Ausprobieren der
unterschiedlichen Aquarelltechniken, die unter dem Aspekt „Malen heißt: Materialien und
Techniken kennen" beschrieben sind. Die Kinder bilden Zweiergruppen.

Jedes Kind malt zwei Bilder. Eines der Bilder entsteht in der Nass-in-Nass-Technik, das zweite
Bild wird mit Aquarellbuntstiften gemalt und anschließend mit Wasser und Pinsel angefeuchtet, sodass die Farben ebenfalls verlaufen. Dabei darf die Farbwahl und die Gestaltung frei
gewählt werden. Sind beide Bilder gemalt und getrocknet, folgt ein zweiter Schritt. Jedes
Kind sucht sich ein Bild von den zweien aus, aus denen es willkürlich fünf Formen heraus-
schneidet. Achtung – die Kinder sollen die Papierreste noch nicht wegwerfen, sie werden
gleich noch einmal benötigt!

Diese fünf Formen gibt das Kind an seinen Mitspieler weiter. Dieser muss die von seinem Mitspieler erhaltenen Formen auf einen neuen Bogen Aquarellpapier kleben. Die Formen sollten
über das gesamte Blatt verstreut sein. Nun muss er die Formen mit Aquarellfarbe
oder Aquarellstiften in ein farbiges Bild integrieren.

Die übrig gebliebenen Papierreste kleben beide auf einen weiteren Bogen Aquarellpapier
auf. Dabei entstehen dort weiße Lücken,

wo sich vorher die Formen
befunden haben. Diese
Lücken integrieren die
Kinder ebenfalls mit
Aquarellfarbe oder
Aquarellstiften in ein
Gesamtbild.

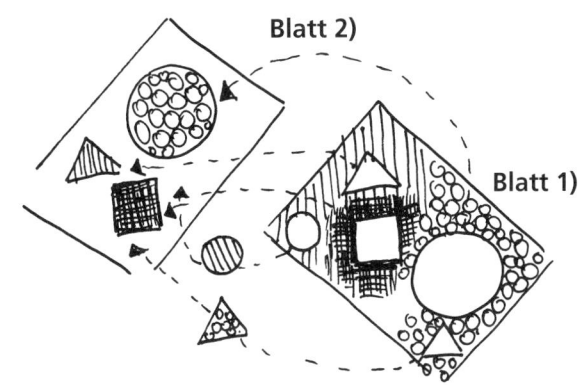

Blatt 2)

Blatt 1)

Aber ich kann
nicht   doch gar
malen   73

Wenn Seifenblasen malen

ab 6 Jahre

EXPERIMENTIERFREUDE, MOTORIK, TECHNIK, FANTASIE UND KREATIVITÄT,
GESTALTUNG, WAHRNEHMUNG, KOOPERATION, SOZIALE KOMPETENZ

Material:

Geschirrspülmittel, Temperafarbe, Wasser, Zeichenpapier, Trinkhalm

Kinder lieben Seifenblasen. Sie laufen gerne hinter ihnen her und versuchen sie zu fangen. Umso schöner kann das Erlebnis sein, wenn sie die Seifenblasen mit dem Zeichenpapier fangen und diese darauf ihre Spuren hinterlassen.

Mischen Sie ungefähr eine viertel Tasse Geschirrspülmittel mit einer Tasse Wasser. Mischen Sie anschließend Temperafarbe unter die Masse. Am besten bilden die Kinder Zweiergruppen, wobei ein Mitspieler die Seifenblasen zaubert und der andere versucht sie mit seinem Zeichenblatt zu fangen. Gelingt ihm das, so hinterlassen die Seifenblasen ihre farbigen Spuren auf dem Papier. Hat der fangende Mitspieler sein Werk beendet, so findet ein Aufgabentausch statt. Dadurch erhält jeder einmal die Möglichkeit, die Seifenblasen zu pusten und zu fangen. Dieses Spiel eignet sich insbesondere als Aktivität im Freien. Bereiten Sie mehrere Farben als Seifenblasenmischung vor. Dadurch werden die Bilder bunter und die Farben mischen sich beim Fangen.

Achtung: Die Farben beim Pusten nicht verschlucken!

Wer setzt sich durch?

ab 6 Jahre

EXPERIMENTIERFREUDE, FANTASIE UND KREATIVITÄT, MOTORIK, WAHRNEHMUNG, GESTALTUNG,
TECHNIK, SOZIALE KOMPETENZ, KOOPERATION, KOMMUNIKATION, DURCHSETZUNGSVERMÖGEN

Material:

Großer Bogen Karton 1m x 0,50m, Temperafarbe, Pinsel, Becher, Wasser

Die Kinder bilden Vierergruppen. Kleben Sie auf einem Tisch oder auf dem Boden den Kartonbogen fest, damit er nicht verrutscht. Die vier Mitspieler stehen sich an den vier Seiten des

Pappbogens gegenüber. Alle erhalten gleichzeitig den Auftrag von ihrer Seite, einen Baum zu malen, den sie so ausführlich wie möglich gestalten sollen. Am Schluss soll jedoch nur noch ein Baum deutlich erkennbar sein. Die Mitspieler dürfen sich nicht unterhalten, sie sollen sich aber trotzdem darüber einigen, wessen Baum sich durchsetzt, d.h. welcher Mitspieler die Führung übernimmt, indem letztendlich alle anderen Bäume Teile seines Baumes werden. Dabei können und müssen die Kinder bereits Gemaltes

übermalen und immer wieder neue Darstellungs-möglichkeiten finden. Hat sich ein Kind mit seinem Baum durchgesetzt, ist das Spiel beendet. Anschlie-ßend sollen sich die Mit-spieler darüber unterhal-ten, was während des Malens alles passiert ist.

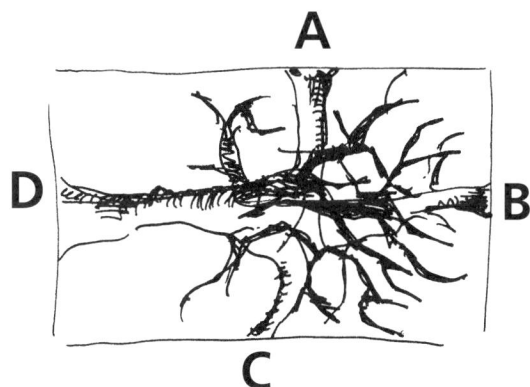

Postkartenteppich

ab 6 Jahre

EXPERIMENTIERFREUDE, FANTASIE UND KREATIVITÄT, MOTORIK, WAHRNEHMUNG, GESTALTUNG, TECHNIK, SOZIALE KOMPETENZ, KOOPERATION, KOMMUNIKATION

Material:

zugeschnittener Karton in Postkartengröße, Wachsmalstifte, Buntstifte oder Temperafarbe, Klebstoff, Tapetenbahn

Ansichtskarten sind Kindern ein Begriff. Sie suchen sie sorgfältig aus und schreiben sie aus dem Urlaub an Eltern, Onkel, Tanten und Freunde. Sie erhalten aber auch Postkarten und sammeln sie. Doch warum Postkarten immer kaufen?

Jedes Kind erhält ein Stück zugeschnittenen Karton in Postkartengröße um darauf eine kleine Szene aus dem Urlaub zu malen. Sind alle Ansichtskarten fertig, arrangieren und ordnen die Kinder sie auf einer Tapetenbahn, sodass ein zusammenhängender Teppich entsteht. Sie kön-nen z.B. nach dem Thema oder der Farbe sortiert werden. Anschließend kleben sie alle Karten fest, sodass ein gemeinsames großes Bild entsteht.

Aber ich kann **doch gar**
              nicht **malen**

5 Malen heißt: Gestalten mit Natur- und Alltagsmaterialien

Aktivitäten rund um Beeren, Blätter, Schrott und Müll

Es bedarf nicht immer teurer Malmaterialien, auch Natur- und Alltagsmaterialien eignen sich hervorragend um gestalterisch aktiv zu werden.

Kinder entdecken oftmals selbst beim Beerenessen oder wenn sie in feuchtem Gras sitzen oder knien, dass Naturmaterialien farbige Spuren um ihren Mund, auf ihren Knien oder auf dem Po hinterlassen.

Wer jemals schon einmal am Meer war weiß, wie schön es sein kann mit einem Holzstöckchen in den Sand zu malen. Warum also immer Pinsel zum Malen benutzen, wo doch Ästchen, Gräser, Blätter, Obst und Gemüse ebenfalls Farbe auf eine Fläche auftragen können.

Aber nicht nur die Natur bietet alternative Malmaterialien, sondern auch Alltagsmaterialien. Was landet nicht alles im Müll, was man zum Malen gebrauchen kann! Auch im Sinne des Recyclings und der Kostenminimierung lohnt es sich, den Mülleimer nach geeignetem Material zu durchforsten. Sicherlich werden Sie gemeinsam mit Ihren Kindern fündig.

Auf den folgenden Seiten finden Sie Anregungen, wonach es sich in der Natur und dem Alltag zu suchen lohnt!

Blätterdruck

ab 6 Jahre

EXPERIMENTIERFREUDE, FANTASIE UND KREATIVITÄT,
MOTORIK, WAHRNEHMUNG, GESTALTUNG, TECHNIK

Material:

Flüssige Schuhkrem (Tubenschuhkrem), Zeichenpapier, gesammelte frische Blätter von verschiedenen Bäumen mit ausgeprägter Adernstruktur, Nudelholz

Die Kinder bestreichen die Blätter auf der Rückseite mit Schuhkrem. Darauf legen sie anschließend ein Zeichenblatt. Mit einem Nudelholz wird nun über das Papier gerollt. So hinterlassen das Blatt und insbesondere die Blattadern farbige Spuren auf dem Papier.

Variante:

- Statt mit Schuhkrem kann man die Blätter auch auf der Rückseite mit bunten Wachsfarben bemalen. Die Kinder legen die Blätter mit der bunten Seite nach unten auf das Zeichenpapier und decken es mit einem weiteren Bogen Zeichenpapier ab. Anschließend bügeln sie mit einem Bügeleisen über das Blatt; dabei verflüssigt sich die Wachsfarbe und hinterlässt den Blattabdruck auf dem Papier.

Rindenabdrücke

ab 6 Jahre

EXPERIMENTIERFREUDE, MOTORIK, TECHNIK, FANTASIE
UND KREATIVITÄT, GESTALTUNG, WAHRNEHMUNG

Material:

Wachsmalstifte oder Buntstifte, Materialien mit verschiedenen Strukturen, buntes oder
weißes Papier

Untersuchen Sie mit den Kindern auf einem Spaziergang durch den Wald, die Bäume nach
unterschiedlichen Baumrinden. Die Kinder betasten sie mit geschlossenen Augen und unterscheiden nach Oberflächenbeschaffenheit (rau, grob, rubbelig, glatt usw.). Um den Kindern
die Struktur noch besser zu verdeutlichen sollen sie anschließend einen Bogen Papier über die
Rinde legen und mit den Stiften über die Papierfläche reiben. So entstehen Strukturabdrücke
der Rinde.

Varianten:

- Eine ähnliche Übung kann man mit Kindern zu dem Thema: „Wir erleben Blätter"
  machen.

- Eine ähnliche Übung bietet sich auch zum Erleben von Gemüsestrukturen (z.B. von
  Weißkohl, Rotkohl, Chinakohl, Rosenkohl, Blumenkohl, Maiskolben, Sellerie usw.) an.
  Dazu können Sie das Gemüse auch aufschneiden.

- Auch die Oberflächenstruktur von Straßen und Gehwegen kann man
  auf diese Weise erleben. (z.B. Asphalt, Kopfsteinpflaster, Muster von
  Kanaldeckeln, Reifenprofile usw.)

> **Künstler und Epoche:** Der Surrealist Max Ernst hat die Technik der
> Frottage in vielen seinen Bildern benutzt.
> **Bildbetrachtung:** z.B. „Die Erde von der Erde aus gesehen" 1925,
> 19,2 x 16,2 cm, Housten Mini Collection.
> Hinweise zur Bildbesprechung finden Sie ab S. 170.

Mit Detektiven auf Spurensuche ab 6 Jahre

EXPERIMENTIERFREUDE, MOTORIK, TECHNIK, FANTASIE
UND KREATIVITÄT, GESTALTUNG, WAHRNEHMUNG

Material:

Wachsmalstifte oder Buntstifte, Materialien mit verschiedenen Strukturen, buntes oder
weißes Papier

Kindern die Strukturen ihrer Umgebung bewusst zu machen sollte eine Aufgabe des Unter-
richts sein. Dazu sollen Kinder verschiedene Materialien zusammensuchen und diese auf ihre
Strukturen hin untersuchen. Die Kinder legen das Papier über den Gegenstand. Dann reiben
sie mit Wachsmalstiften leicht über die Papierfläche. So erscheint die Struktur des Materials
auf dem Papier. Die von den Detektiven gesammelten Strukturen lassen sich anschließend zu
Collagen unter verschiedenen Bildthemen verarbeiten.

Bildthemen zu den Collagen:

Maske, Landschaft, Patchworkteppich, Fisch, Rieseninsekt

Künstler und Epoche: Der
Surrealist Max Ernst hat die
Technik der Frottage in vielen
seinen Bildern benutzt.
Bildbetrachtung:
z.B. „Die Erde von der Erde aus
gesehen" 1925, 19,2 x 16,2 cm,
Housten Mini Collection.
Hinweise zur Bildbesprechung
finden Sie ab S. 170.

Wenn Gemüse und Früchte malen   ab 6 Jahre

EXPERIMENTIERFREUDE, MOTORIK, TECHNIK, FANTASIE
UND KREATIVITÄT, GESTALTUNG, WAHRNEHMUNG

Material:

Früchte und Gemüse (Kartoffeln, Mandarinen, Äpfel, Birnen, Zitronen …), Papier, Temperafarbe, Pinsel, kleines Messer

Vorsicht!

Gemüse und Früchte haben durch die Schale eine äußere Struktur. Je nachdem, ob man sie
vertikal oder horizontal halbiert, haben sie auch eine interessante innere Struktur. Sie können
den Früchten durch Zuschneiden eine bestimmte Form oder durch Einritzen eine bestimmte
Struktur geben. Das haben Sie sicherlich schon einmal beim Kartoffeldruck ausprobiert.
Lassen Sie die Kinder ihre eigenen Druckerfahrungen mit den Strukturen der Früchte machen,
indem sie die Früchte als Druckstöcke ausprobieren können. Legen sie dazu verschiedene
Früchte in verschiedenen Zuständen aus (vertikal oder horizontal zerschnitten als ganze
Früchte oder einfach nur verschiedene Schalen). Die Kinder färben dann mit dem Pinsel die
verschiedenen Oberflächen ein und drücken sie anschließend auf das Papier. Legen sie kleine
Messer dazu und weisen sie die Kinder darauf hin, dass sie die Früchte auch zu bestimmten
Formen zuschneiden können bzw. ihnen damit zusätzlich Struktur geben können.

Gras- und Heckenpinsel

ab 6 Jahre

EXPERIMENTIERFREUDE, MOTORIK, TECHNIK, FANTASIE
UND KREATIVITÄT, GESTALTUNG, WAHRNEHMUNG

Material:

Gräser, Gestrüpp, Hecken, Tannenzweige, Farn, Weizen,
Temperafarbe, Tapete

Viele unterschiedliche Gegenstände der Natur können uns
als Pinsel dienen. Machen Sie einen Spaziergang, bei dem
Sie die Kinder auffordern, nach natürlichen Dingen Ausschau
zu halten, die sie statt eines Pinsels benutzen könnten.
Kinder kommen dabei auf die tollsten und spannendsten
Überlegungen. Anschließend probieren sie ihre gesammelten
Malwerkzeuge aus, indem sie sie in Farbe tauchen und dann
ihre Spuren auf der Tapete hinterlassen.

Rezept:
Zeichenkohle aus dem Grillfeuer

ab 6 Jahre

EXPERIMENTIERFREUDE, TECHNIK

Material:

Alufolie, dünne Zweige, Grillfeuer

Zeichenkohle entsteht bei jedem Grillfest. Um die Qualität der Zeichenkohle zu verbessern
sollten Sie die dünnen Zweige in Alufolie verpacken. Stechen Sie mit einer Stecknadel zwei
Luftlöcher an zwei Stellen ein, durch die Wasser verdunsten und Gase entweichen können.
Legen Sie dann das Päckchen ins Grillfeuer. Ist das Feuer erloschen und das Aluminiumpäck-
chen abgekühlt, können Sie die Alufolie öffnen. Aus dem Holzzweig ist nun Zeichenkohle
geworden, mit der man gut malen kann.

Malen mit Ton

ab 6 Jahre

EXPERIMENTIERFREUDE, FANTASIE UND KREATIVITÄT,
MOTORIK, WAHRNEHMUNG, GESTALTUNG, TECHNIK

Material:

bei rotem Ton weißes Tonpapier, bei weißem Ton schwarzes Tonpapier, Ton, Becher

Es muss nicht immer ein teures Malmaterial sein. Auch mit Ton kann man malen. Dazu
benötigt man einen kleinen Klumpen Ton, der mit etwas Wasser zu einem Tonwulst geformt
wird. Mit diesem Tonwulst können die Kinder durch Schlagen, Drücken, Rollen, Schieben usw.
interessante Spuren auf dem Tonpapier hinterlassen.

Bilder im Ethno-Look

ab 6 Jahre

EXPERIMENTIERFREUDE, FANTASIE UND KREATIVITÄT,
MOTORIK, WAHRNEHMUNG, GESTALTUNG, TECHNIK

Material:

Ton, Wasser, Zeitungspapier, Tapetenkleister, Pinsel, Temperafarben in möglichst erdigen
Farbtönen

Bei vielen Maltechniken müssen
Sie vorher die Leinwand mit
Farbe grundieren. Warum nicht zum
Grundieren ein anderes Material
verwenden? Wird Ton mit viel Wasser
vermengt, entsteht Tonschlick, eine
sahnige Matschmasse. Wenn Sie ihr angerührten Tapetenkleister
untermischen, so entsteht eine interessante Malmasse. Mit dieser „Farbe"
grundieren die Kinder Zeitungsbogen. Dadurch erhält das Papier eine interessante
Beschaffenheit. Ist der Malgrund getrocknet, können die Kinder ihn mit Temperafarbe bemalen.

Kunst: Höhlenmalerei. Bilder aus der Höhle von Lascaux.

Aber ich kann nicht doch gar malen 83

Erdfarben als Ergebnis eines Wandertages

ab 6 Jahre

EXPERIMENTIERFREUDE, TECHNIK, FANTASIE UND KREATIVITÄT

Vorschlag:

Unternehmen Sie mit den Kindern einen Spaziergang über Äcker, Baugruben und Steinbrüche. Zu empfehlen ist auch der Besuch einer Straße, die einen Hügel durchschneidet, an dem man unterschiedliche Erdschichten betrachten kann. Bei diesen Spaziergängen können Sie mit den Kindern feststellen, dass es Erde in ganz unterschiedlichen Farbnuancen gibt.

Herstellen von Erdfarben:

Material:

Gläser, Töpfe, Zeitungen, Plastiktüten, Nudelholz, Hammer, Schüssel, Sieb, Wasser, Messer

Sammeln Sie beim Wandertag mit den Kindern verschiedenfarbige Erden in Gefäßen. Verteilen Sie anschließend die unterschiedlichen Erdmaterialien auf Zeitungspapier und lassen Sie sie einige Zeit trocknen. Die verschiedenen getrockneten Erden werden nun in unterschiedliche Plastiktüten geschüttet. Anschließend können die Kinder die gefüllten Plastiktüten mit Nudelholz und Hammer bearbeiten, sodass die Erde zerstoßen und zermahlen wird. Ist die Erde zerkleinert, wird sie über einer Schüssel durch ein Sieb gestrichen, damit nur aus den feinsten Erdpartikeln letztendlich die Farbe entsteht.

Füllen Sie die fein gesiebten Erden in unterschiedliche Marmeladengläser und fügen Sie ein paar Tropfen Wasser hinzu. Wenn Sie alles gut verrühren, entsteht eine geschmeidige Malpaste, die die Kinder anschließend vermalen können.

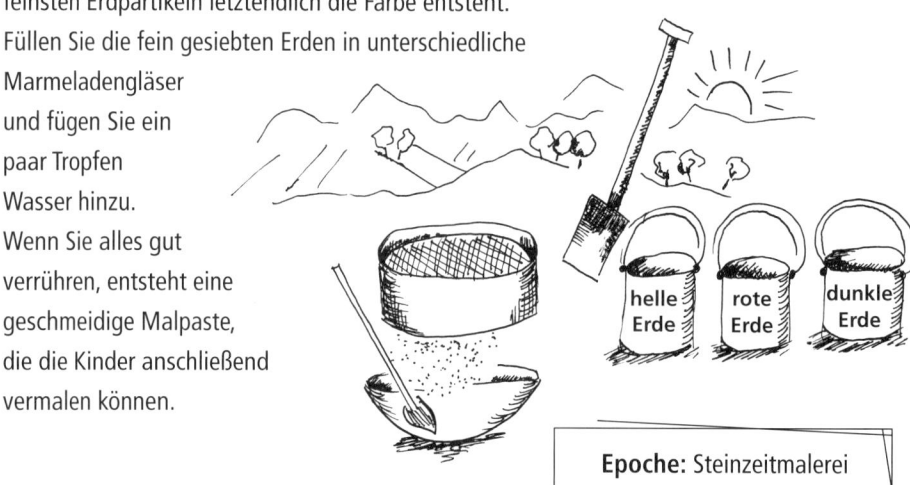

helle Erde • rote Erde • dunkle Erde

Epoche: Steinzeitmalerei

2x Schrottdruck
ab 6 Jahre

EXPERIMENTIERFREUDE, TECHNIK, FANTASIE UND KREATIVITÄT,
MOTORIK, WAHRNEHMUNG GESTALTUNG

Schrottdruck I

Material:

Temperafarbe, Pinsel, Papier, Kleinschrott (z.B. Schrauben, Muttern, Zahnräder aus einem alten Wecker, Knöpfe …)

Schrott kann beim Drucken interessante Spuren auf Papier hinterlassen. Dazu bemalen die Kinder die Schrottteile mit Farbe und drücken diese Druckstöcke anschließend fest auf das Papier. Die interessantesten Abdrücke können sie anschließend ausschneiden und in einer Collage verarbeiten.

Schrottdruck II

Material:

wie oben, plus Zahnbürste und Sieb

Eine weitere Möglichkeit mit Schrott zu drucken besteht darin, sie als Schablone auf das Papier zu legen. Anschließend wird die Zahnbürste in Farbe getaucht. Die Kinder reiben die Zahnbürste über das Sieb und verteilen so die Farbe über das Blatt. Dort, wo die Gegenstände lagen, verbleibt nach Entfernen der Schablonen ein weißer Fleck.

Die Früchte der Natur malen lassen ab 6 Jahre

EXPERIMENTIERFREUDE, TECHNIK, FANTASIE UND KREATIVITÄT,
MOTORIK, WAHRNEHMUNG, GESTALTUNG

Material:

große Bögen von festem, weißem Karton, Blätter, Beeren

Die Früchte der Natur können Farbflecken hinterlassen. Jeder, der für längere Zeit mit einer weißen Hose in feuchtem Gras saß, konnte das schon einmal erleben. So bietet es sich an,

Kindern auch einmal die Kraft natürlicher Farben zu zeigen. Dazu eignen sich Spaziergänge besonders gut, bei denen Kinder all das an Blumen, Beeren, Blättern und Früchten sammeln können, wovon sie glauben, dass sie auf weißen Flächen Farbspuren hinterlassen, z.B. Brombeeren, Walderdbeeren, Holunderbeeren, Blätter, Gras, Moos, Schlehen, Johanniskraut, Heidelbeeren usw.

Anschließend beginnt das Malen auf einer großen, festen Malunterlage. Dazu packen alle ihre Waldschätze aus. Dann kann das Zerdrücken, das Auspressen, das Zermalen und das Zerreiben auf dem Malgrund beginnen.

Materialdruck ab 6 Jahre

EXPERIMENTIERFREUDE, TECHNIK, FANTASIE UND KREATIVITÄT,
MOTORIK, WAHRNEHMUNG, GESTALTUNG

Material:

verschiedene Materialien aus dem Haushalt, Verpackungen, Kartons, Stoffreste, Kork usw., Pinsel, Temperafarbe, auch buntes Papier

Beim Materialdruck gilt das Gleiche wie beim Schrottdruck. Es handelt sich hier um ein ganz einfaches Druckverfahren. Die Kinder bemalen die Materialien mit Farbe oder tauchen sie direkt in die Farbe hinein. Anschließend drücken sie die Materialien auf die Papierfläche. Dadurch hinterlassen sie Abdrücke auf dem Papier.

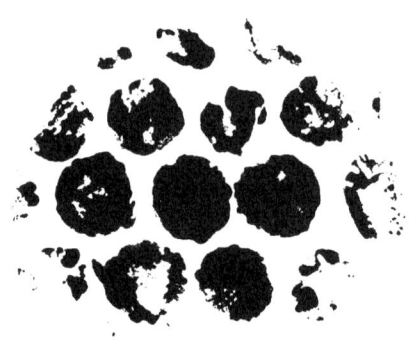

Herbarium

ab 6 Jahre

EXPERIMENTIERFREUDE, TECHNIK, FANTASIE UND KREATIVITÄT,
MOTORIK, WAHRNEHMUNG, GESTALTUNG

Material:

dicker Katalog, Blumen, Blätter, Papier, Klebstoff

Auch hierfür eignet sich ein Spaziergang
in der freien Natur sehr gut um in das
Thema einzuführen. Beauftragen Sie die
Kinder möglichst viele bunte und unterschiedliche Blüten und Blätter zu sammeln. Im Anschluss an den Spaziergang
legen die Kinder die Blüten zwischen die
Seiten eines Katalogs, beschweren ihn mit
Büchern und pressen Blätter und Blüten.
Einige Tage später können Sie mit den
Kindern ein Bild mit den gepressten Blumen gestalten und eventuell anschließend
die Blüten-Collage beschriften. Legen
die Kinder zwischen die Katalogseiten
und die zu pressenden Blüten zusätzlich
weißes Papier, so können sie oftmals nach
dem Trocknen auf den weißen Blättern
Farbspuren entdecken, die die Blüten
hinterlassen haben.

Blütenstarkes T-Shirt   ab 6 Jahre

EXPERIMENTIERFREUDE, TECHNIK, FANTASIE UND KREATIVITÄT,
MOTORIK, WAHRNEHMUNG, GESTALTUNG

Material:

Topf, viele Blüten einer Pflanze, Wasser, Sieb, T-Shirt

Aus Blüten lassen sich Farben gewinnen. Dazu muss eine große Anzahl an Blüten gesammelt und mit Wasser aufgekocht werden. Die Intensität des Farbtones hängt von der Menge der gesammelten Blüten und der Menge des Wassers ab, in dem die Blüten aufgekocht werden. Je mehr Blüten und je weniger Wasser, desto intensiver wird die Farbe. Erfolge erzielen Sie mit Goldrute (gelb), Ginster (pfirsichfarben), Lupine (verschiedene Färbungen), Löwenzahn (gelb) und Zwiebelschalen (bräunlich).

Haben Sie die Blüten in wenig Wasser aufgekocht, trennen Sie die Blüten mit dem Sieb vom gefärbten Wasser. Dann können die Kinder ihr T-Shirt für einige Zeit in das gefärbte Wasser eintauchen. Das T-Shirt nimmt die Farbe an.

Wenn Pilze zaubern   ab 6 Jahre

EXPERIMENTIERFREUDE, TECHNIK, FANTASIE UND KREATIVITÄT, MOTORIK,
WAHRNEHMUNG, GESTALTUNG

Material:

Pilze mit Lamellen, schwarzes Tonpapier oder ein gefundener Tintlingpilz und weißes Papier

Es gibt zwei Arten von Pilzen, die Farbe absondern und somit durch eigene Kraft malen. Das eine sind Pilze mit Lamellen, das andere ist der so genannte Tintling.

Pilze mit Lamellen erhält man im Lebensmittelladen. Wenn die Kinder den Stiel abgeschnitten haben, legen sie sie mit ihrer flachen Seite für mehrere Stunden auf schwarzes Tonpapier und decken sie mit einer Schüssel ab. Nach ungefähr 6 Stunden können sie nach dem vorsichtigem Anheben des Pilzes das Bild sehen, das er gemalt hat.

Der Tintling heißt so, weil er eine Art schwarze Tinte abgibt. Legt man ihn über Nacht auf einen weißen Bogen Papier, malt er selbst ein Bild.

2x Auch die Sonne kann malen!   ab 6 Jahre

EXPERIMENTIERFREUDE, TECHNIK, FANTASIE UND KREATIVITÄT,
MOTORIK, WAHRNEHMUNG, GESTALTUNG

Die malende Sonne I

Material:

Restfarben, die in Eiswürfelbehältern eingefroren wurden, Tapete, Sonne

Legen Sie die zu Eis gefrorenen Farben auf die auf dem Boden ausgerollte Tapete und lassen
sie sie von den Kindern über das Papier bewegen. Dabei dürfen die Farben wie beim Eisstock
schießen über die Tapetenfläche gleiten. Durch die Wärme der Kinderhände und die Wärme
der Sonne verflüssigen sich die Farben und hinterlassen ihre Spuren.

Die malende Sonne II

Material:

Schere, zwei Bogen Zeichenpapier, Sonne

Die Kinder schneiden aus einem Papierbogen eine zusammenhängende Figur aus (z.B. eine
Sonne oder einen Stern). Die Kinder legen diese Figur auf den zweiten Bogen Papier. Die
ausgeschnittene Figur setzt man nun für mehrere Tage auf
dem zweiten Bogen Papier der Sonne aus.
Dann kommt der große Augenblick: Die
ausgeschnittene Figur darf hochgenom-
men werden. Die Kinder werden
überrascht sein, dass die
Sonne die Kraft, hat
das Zeichenpapier gelb
anzumalen.

90   Aber ich kann doch gar nicht malen

Malen heißt:
Gestalten mit Farben

Aktivitäten
rund um die Farbenlehre

Farben werden nach unterschiedlichen Kriterien eingeteilt. So heißen Rot, Gelb und Blau Grundfarben (Primärfarben). Aus ihnen lassen sich Grün, Orange und Violett als Sekundärfarben mischen. Mischt man Gelb mit Blau, entsteht Grün, mischt man Rot mit Gelb, entsteht Orange und mischt man Rot mit Blau zu gleichen Teilen, entsteht Violett. Diese Farben lassen sich in einem Farbdreieck anordnen.

Die Farben, die sich im Farbdreieck gegenüberstehen, heißen Komplementärfarben. Die Komplementärfarbe zu Rot ist Grün, zu Blau ist Orange und zu Gelb ist Violett. Liegen diese Farben in einem Bild nebeneinander, bilden sie einen besonders starken Kontrast und gewinnen an Leuchtkraft. Aber auch kalte und warme Farben werden unterschieden. Zu den warmen Farben gehören Gelb, Rot und Orange, zu den kalten Farben Blau, Grün und Violett.

Das Wissen um die Kraft der Farben ermöglicht, Empfindungen subjektiv Ausdruck zu verleihen. Die Farbtherapie und Psychologie haben schon seit längerer Zeit die besondere Ausdruckskraft der Farben erkannt und setzen sie zu therapeutischen Zwecken ein. Die Kunstgeschichte hat sich sehr intensiv mit der Wirkung von Farben beschäftigt. Insbesondere der Expressionismus hat sich mit der Ausdruckskraft der Farben intensiv auseinander gesetzt. Aber auch Kinder „fühlen" die Bedeutung von Farben. Zwar haben sie noch kein Wissen um die Wirkung, dennoch fällt es ihnen leicht mit Farben Gefühle und Empfindungen auszudrücken. Unvoreingenommen setzen sie ihre Lieblingsfarben ein, sparen bestimmte Farben aus oder bringen bestimmte Farben in ihr Bild ein. Dabei gehen Kinder wesentlich freier mit dem Farbeinsatz um als Erwachsene.

Um jedoch das Wissen um das Mischen und die Wirkung von Farbeinsätzen bei Kindern zu fördern sollte man sich nicht scheuen, Kinder mit dem Farbdreieck oder Farbkreis bekannt zu machen und Übungen zum Erleben von Farben durchzuführen.

Kindern macht das Mischen von Farben umso mehr Freude, wenn der Mischvorgang in eine Geschichte eingekleidet ist. Dazu eignen sich „Die wahre Geschichte von allen Farben" von Eva Heller (ISBN 3-89082-129-4), „Das kleine Blau und das kleine Gelb" von Leo Lionni (ISBN 3-7891-5940-9) und „Die Königin der Farben" von Jutta Bauer (ISBN 3-407-79221-2) besonders gut.

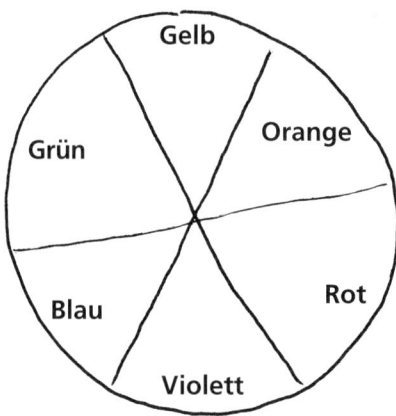

Paul, der Malblock

EXPERIMENTIERFREUDE, TECHNIK, FANTASIE UND KREATIVITÄT,
MOTORIK, WAHRNEHMUNG, GESTALTUNG

Eine Malgeschichte frei nach „Die Königin der Farben" von Jutta Bauer

Material:

Pinsel, Deckmalfarben, Wasser, Becher, mehrere Bogen Papier

Die Kinder sollen die Geschichte malen, während sie laut und langsam mit Pausen vorgelesen wird.

An einem wunderschönen bunten Tag öffnete der Malblock Paul seine Seiten. Er erschrak und war ganz traurig, als er bemerkte, dass seine Seiten ganz weiß waren. Er beschloss, die Farben und Pinsel zu rufen.

Zuerst kam das Blau. Es war sanft und mild. Es begrüßte Paul freundlich und malte ihm ein weißes Blatt voll mit blauem Himmel. **Pause** (neues Blatt)

Dann rief Paul das Rot. Das Rot zerriss fast Pauls Papier, so stark war es. Wie ein Blitz raste es über die Blockseiten. Sprang von einer Seite zur anderen und tat gefährliche Dinge. Paul war wütend über all das, was das Rot tat, und befahl ihm zu verschwinden. **Pause** (neues Blatt)

Ganz langsam verzog sich das Rot, doch es hinterließ eine rote Farbspur, bis sich plötzlich ein heller gelber Schein über das Papier legte. Paul fühlte sich wohl, denn das Gelb wärmte ihn. Doch das Gelb leuchtete und wärmte nicht nur, sondern es blendete Paul auch. Er wurde sauer und befahl dem Gelb zu verschwinden. Aber daran dachte das Gelb überhaupt nicht. So entstand ein Streit zwischen Paul und dem Gelb. **Pause** (neues Blatt) Natürlich waren das Blau und das Rot vorwitzig und wollten sehen warum Paul und das Gelb sich streiten. So breitete sich zuerst das Blau und dann das Rot über dem Gelb aus und das ganze Blatt Papier wurde grau und grauer, bis das gesamte Blatt ganz grau war. „Haut ab", schrie Paul. „Haut endlich ab!" Paul war ganz verzweifelt und traurig. **Pause** (neues Blatt) Er fing an zu weinen. Und wie er so über sich nachdachte und weinte, erst ganz schwach und leise und dann immer stärker und lauter, weinte er eine Menge Tränen. Doch die Tränen waren nicht grau, sie waren bunt! Es waren frohe Tränen in Rot, Gelb und Blau. Einige waren dick, andere waren dünn, und je mehr er weinte, desto schneller füllte sich das Papier mit bunten runden Tränen, bis das ganze Blatt voll war. Und da waren sie wieder: das sanfte Blau, das wilde Rot und das warme Gelb. **Pause** (neues Blatt) Sie spielten zusammen, tanzten gemeinsam über das Blatt, sprangen, spritzten und tupften, bis sie müde wurden und schlafen gingen.

Keine Angst vor Rot, Gelb, Blau; eine Darstellungsgeschichte

ab 6 Jahre

EXPERIMENTIERFREUDE, TECHNIK, FANTASIE UND KREATIVITÄT, MOTORIK, WAHRNEHMUNG, GESTALTUNG, BEWEGUNG, SOZIALE KOMPETENZ, KOOPERATION

Teilen Sie die Gruppe in vier unterschiedlich farbige Gruppen ein – in eine weiße, rote, gelbe und in eine blaue Gruppe. Gekennzeichnet werden die Gruppen durch eine Serviette oder ein Tuch in der jeweiligen Farbe, das jedes Kind in der Hand hält. Die roten, gelben und blauen Kinder stellen sich unsortiert in einem Kreis auf. Die weißen Kinder stellen sich in die Mitte des Kreises.

Geschichte:

Am Anfang ist das Weiß.

(Die Kinder winken mit ihren weißen Servietten oder Tüchern.)

Das Weiß ist ganz sauber, hell und vornehm.

(Die weißen Kinder verneigen sich.)

Das Weiß ist auch sehr leise.

(Die weißen Kinder bewegen sich schleichend auf den Fußspitzen und halten einen Finger vor den Mund.)

Das Weiß ist auch sehr ordentlich.

(Die weißen Kinder bilden im großen Kreis einen kleinen Kreis.)

Doch eines Tages kommt das Rot dahergerannt und zerstört die Ordnung des Weiß.

(Die roten Kinder durchbrechen den Kreis der weißen Kinder und rennen herum.)

Das Rot rennt und rennt und schreit.

(Die roten Kinder dürfen laut schreien: „Hier bin ich – das Rot!")

Doch plötzlich bleibt das Rot stehen und begrüßt das Weiß.

(Die roten Kinder halten plötzlich inne und geben den weißen Kindern die Hand.)

„Bei dir ist es ganz schön langweilig. Ich muss dich etwas aufwecken", sagt das Rot.

(Die roten Kinder schütteln vorsichtig die weißen Kinder.)

„Wir könnten Freunde werden", sagt das Rot.

(Die Kinder bilden rot-weiße Paare und gehen im Kreis herum.)

Das Weiß und das Rot finden, dass sie wunderbar zusammenpassen, und beschließen ein Fest zu feiern. Dazu laden sie ihre Freunde ein.

Als Erstes folgt das Blau der Einladung.

(Die blauen Kinder kommen mit ausgebreiteten Armen angeschwebt.)

Das Blau lässt sich ruhig nieder um sich auszuruhen.

(Die blauen Kinder knien sich nieder.)

Doch mit der Zeit breitet sich das Blau immer mehr aus, so wie es der Himmel tut.

(Die blauen Kinder machen mit den Armen Kreisbewegungen und verschaffen sich Platz. Die roten und weißen Kinder gehen wieder in den großen Kreis zurück.)

Das Blau hat gerade den gesamten Platz eingenommen, da kommt das Gelb wie ein Blitz angeschwirrt.

(Die gelben Kinder laufen in Zick-Zack-Linien durch die gesamte Gruppe.)

Hell und strahlend war das Gelb und piekste in das Rot, Blau und Weiß. *(Die gelben Kinder pieksen vorsichtig die Kinder der entsprechenden Farben.)*

Da sprach die klügste der vier Farben, das Weiß, erschrocken: „Wir wollen uns gegenseitig nicht stören, sondern ein gemeinsames Fest feiern."

(Alle Kinder gehen in den großen Kreis, halten sich an den Händen, hüpfen mehrmals in die eine und die andere Richtung.)

(Idee der Geschichte frei nach Eva Heller: Die wahre Geschichte von allen Farben)

Das Ampelspiel ab 6 Jahre

EXPERIMENTIERFREUDE, TECHNIK, FANTASIE UND KREATIVITÄT,
MOTORIK, WAHRNEHMUNG, GESTALTUNG, BEWEGUNG

Die Farben der Ampel werden auf Bedeutung und Wirkung hin besprochen.
Rot bedeutet Stehen, Gelb bedeutet Achtung, Grün bedeutet Gehen.

Legen Sie zuerst je eine rote, eine gelbe und eine grüne Serviette bereit. Die Kinder bewegen sich hüpfend im Raum. Heben Sie die rote Serviette hoch, müssen die Kinder sofort stehen bleiben. Heben Sie dagegen die gelbe Serviette, müssen die Kinder stehen bleiben, die Hand an die Stirn legen und nach rechts und nach links Ausschau halten. Heben Sie die grüne Serviette, dürfen sich alle Kinder frei im Raum bewegen.

Farbkreisel

ab 6 Jahre

EXPERIMENTIERFREUDE, TECHNIK, FANTASIE UND KREATIVITÄT,
MOTORIK, WAHRNEHMUNG, GESTALTUNG

Material:

runde Bierdeckel, Deckmalfarben, Deckweiß, Pinsel, Becher, Wasser, zwei Holzhalbkugeln,
Klebstoff

Mit einem Farbkreisel lässt sich das Mischen der Farben optisch sehr schön darstellen. Dazu
muss der Bierdeckel auf beiden Seiten deckend mit Deckweiß übermalt werden. Sobald die
Farbe getrocknet ist, darf sich jedes Kind pro Seite des Kreisels zwei Grundfarben auswählen,
mit denen es die beiden Seiten des Bierdeckels farbig gestalten möchte. So kann es z.B. die
eine Seite mit Rot und Gelb und die andere Seite
mit Blau und Gelb bemalen.

Der Gestaltungsfreiheit sind dabei keine Grenzen
gesetzt. Sind die Farben getrocknet, werden
die beiden Holzhalbkugeln mit ihren flachen Flächen genau in der Mitte auf
beiden Seiten des Bierdeckels
mit Klebstoff befestigt. Nun
können die Kinder den
Kreisel drehen.
Durch das Dre-
hen mischen
sich für das Auge
jeweils die beiden
gewählten Grundfarben
zu Sekundärfarben.

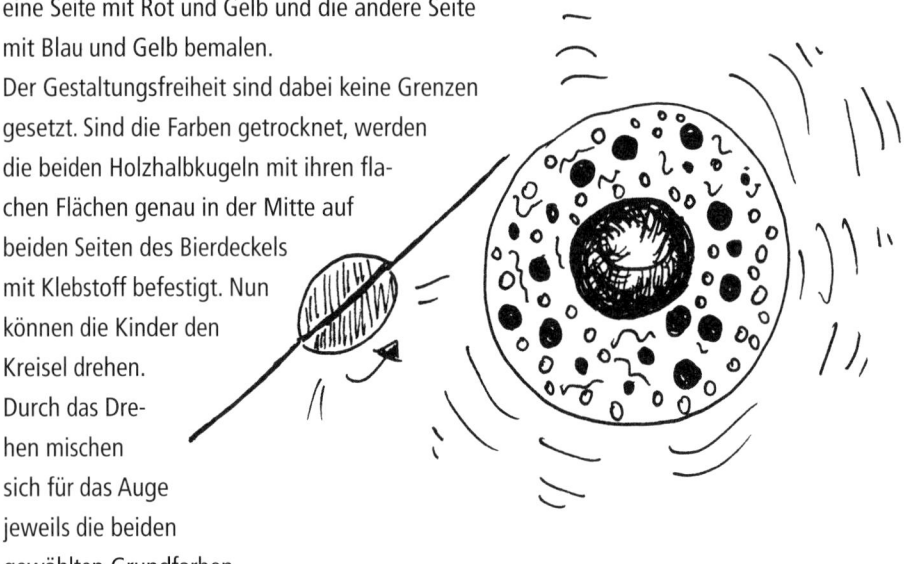

Variante:

* Statt der beiden Holzhalbkugeln können die Kinder auch ein Rundholz
  oder einen Bleistift durch die Mitte des Bierdeckels stechen. Legt man
  den Bleistift in beide Handinnenseiten und reibt dabei die Hände
  aneinander, setzt der Kreisel sich in Bewegung.

Folienbilder

ab 6 Jahre

EXPERIMENTIERFREUDE, FANTASIE UND KREATIVITÄT, MOTORIK, WAHRNEHMUNG,
TECHNIK, GESTALTUNG, KOOPERATION, SOZIALE KOMPETENZ, KOMMUNIKATION

Material:

Folie in Rot, Gelb und Blau oder Transparentpapier in diesen Farben, Overheadprojektor,
Scheren

Folien und Transparentpapier lassen andere Farben durchleuchten. Mit dieser Übung können
Sie das Mischen der Farben sehr gut veranschaulichen. Dazu schneiden die Kinder unterschiedliche Formen aus den Folien aus und arrangieren daraus ein buntes Muster auf dem
Overheadprojektor. Dabei können sie sich gegenseitig behilflich sein und Farben und Muster
austauschen. In vergrößerter Form erscheint anschließend das gelegte Muster an der Wand,
dabei lassen sich Farbmischungen bei sich überschneidenden Farben beobachten. Diese
gelegten Bilder können immer wieder von den Kindern verändert werden.

Tipp: Fotografieren sie doch einfach einmal die gelegten Muster.

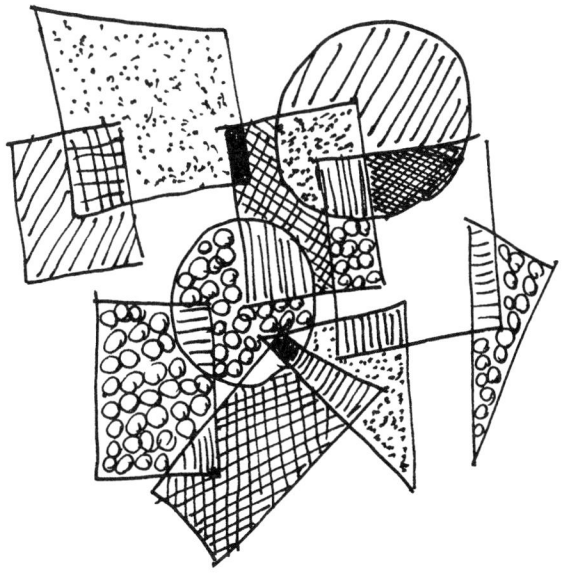

**Aber ich kann
nicht** **doch gar
malen** **97**

Buntes Farbmisch-Fensterbild ab 6 Jahre

EXPERIMENTIERFREUDE, TECHNIK, FANTASIE
UND KREATIVITÄT, MOTORIK, WAHRNEHMUNG, GESTALTUNG

Material:

schwarze Pappe, Transparentpapier in Rot, Gelb und Blau, Klebstoff, Schere, Bleistift, Faden, Nadel

Fällt Licht durch Transparentpapier, werden die Farben und durch Überschneidungen der Grundfarben auch Mischfarben deutlich. Schneiden Sie einen viereckigen Bilderrahmen aus schwarzer Pappe zu, um ein Fensterbild zu erhalten. Die Kinder reißen Transparentpapier in Rot, Gelb und Blau in rahmengroße, gleich lange und an den Seiten unregelmäßige Streifen. Die Streifen werden am Rahmen rechts und links oder oben und unten festgeklebt. Die Kinder sollen beim Kleben darauf achten, dass die Farbstreifen sich ab und zu überschneiden. Durch diese Überschneidungen entstehen, je nach Farbwahl, Sekundärfarben. Anschließend werden mit einer Nadel rechts und links kleine Löcher in den Rahmen gebohrt. Durch sie können die Kinder zum Aufhängen einen Faden ziehen.

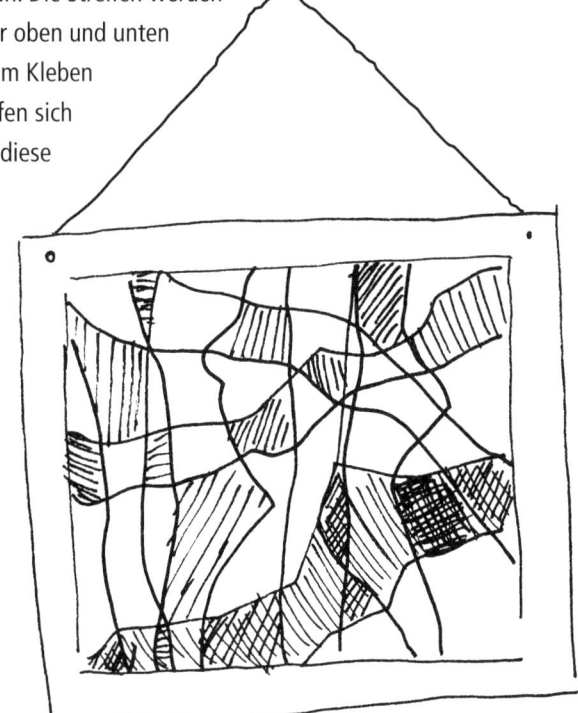

Schallplattenbilder

ab 6 Jahre

EXPERIMENTIERFREUDE, TECHNIK, FANTASIE
UND KREATIVITÄT, MOTORIK, WAHRNEHMUNG, GESTALTUNG

Material:

Pappteller, Deckmalfarben, Pinsel, Becher, Wasser, Schere, alter Plattenspieler

Farben und Formen verändern sich, sobald sie in Bewegung gesetzt werden. Sie können das den Kindern sehr gut veranschaulichen, indem sie die Innenseite eines Papptellers mit je zwei Grundfarben in freier Formwahl ausgestalten dürfen. Sind die Farben getrocknet, wird in die Mitte des Papptellers mit einer Schere ein Loch gebohrt. Dann kann der bemalte Teller auf den Plattenteller eines Schallplattenspielers gelegt werden. Jetzt können die Kinder beim Drehen des Schallplattentellers beobachten, wie sich Formen und Farben verändern. Dabei sollten Sie darauf achten, dass die Schallplattennadel mit dem Pappteller nicht in Berührung kommt.

Variante:

- Die Kinder können mehrere Farben bei der Ausgestaltung verwenden.

Farbmischende Frisbeescheibe

ab 6 Jahre

EXPERIMENTIERFREUDE, TECHNIK, FANTASIE UND KREATIVITÄT,
MOTORIK, WAHRNEHMUNG, GESTALTUNG, KOMMUNIKATION

Material:

2 Pappteller für jedes Kind, Deckmalfarben in Rot, Gelb und Blau, Klebstoff, Schere

Diese Übung dient der Vertiefung der vorausgegangenen Demonstration.
Die Kinder schneiden zuerst aus einem Pappteller den Tellerboden heraus. So erhalten sie einen Tellerrand. Der Tellerrand muss ganz bleiben. Die Kinder kleben den Rand auf den anderen Teller. Anschließend schneiden sie in die Mitte des Tellerbodens ein Loch in der Größe einer 2€-Münze. Anschließend werden vier Rechtecke (ca. 5cm lang und 2cm breit) einander gegenüberliegend dort herausgeschnitten, wo Tellerboden und Tellerrand sich voneinander absetzen. Nun können sie die Scheibe außen und innen anmalen. Es ist ratsam, für außen

und innen jeweils nur zwei Grundfarben auszuwählen, mit denen die Teller bemalt werden. Sind die Farben getrocknet, können die Kinder mit einer leicht drehenden Handbewegung die Frisbee-Scheibe in Schwung bringen. Fliegt die Scheibe, können sie Farb- und Formveränderung der Farben beobachten.

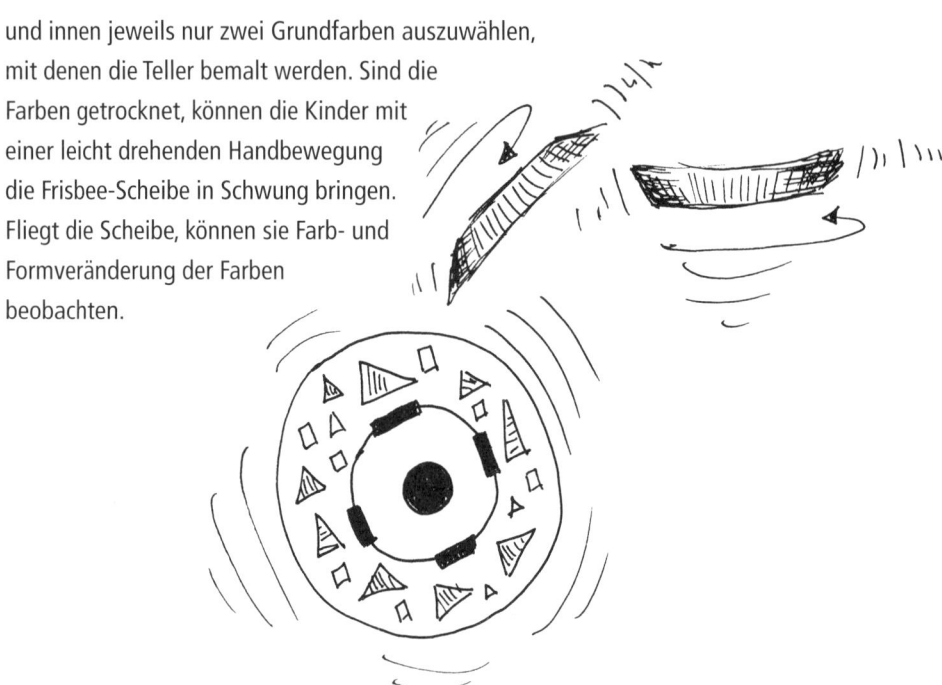

Ideen zum Farberlebnis
Kleisterfarbe

ab 6 Jahre

EXPERIMENTIERFREUDE, GESTALTUNG, TECHNIK, FANTASIE UND KREATIVITÄT, WAHRNEHMUNG

Material:

Kleister, Farbpigmente (Fingerfarbe, Wachsmalstifte oder Temperafarbe stellen Alternativen zu Farbpigmenten dar), wenig saugfähiges Papier (Packpapier, Tapetenrollen), Klebeband, breite Pinsel

Malen auf Kleister eignet sich besonders gut zum Malen auf großen Flächen. Dabei wird das Papier zuerst auf dem Boden oder auf einem Tisch mit Klebeband festgeklebt. Dann wird das Papier mit Hilfe des Pinsels eingekleistert. Nun wird über die eingekleisterte Fläche Farbpulver gestreut, das anschließend mit den Fingern im Kleister verteilt wird. Dabei hinterlassen die Finger weiße Spuren auf dem Papier. Es sollten nicht zu viele Farben gleichzeitig auf die Fläche gestreut werden, denn sonst verschmutzen die Farben. Deshalb empfiehlt sich eine Reduktion des Farbmaterials auf Rot und Gelb, Gelb und Blau oder Rot und Blau.

Varianten:

- Wachsmalstiftreste werden nach Farben sortiert und für einige Tage in Terpentin eingelegt. Dadurch lösen sich die Wachsmalstiftreste auf. Malen Kinder mit diesen gelösten Farben auf Kleistergrund, können sie ganz neue Farberfahrungen machen.

- Die Kleistertechnik eignet sich sehr gut zur Partnerarbeit. Dazu stehen sich zwei Kinder an einem mit Papier überzogenen Tisch gegenüber. Das Papier wird in der Mitte symbolisch durch eine Grenzlinie in zwei Hälften geteilt. Dann wird das ganze Blatt eingekleistert. Jedes Kind darf eine Farbe seiner Wahl in den Kleister hineinstreuen und in seiner Hälfte im Kleister verteilen. In der Nähe der Grenzlinie begegnen sich jedoch die Farben und vermischen sich. So entsteht in der Mitte des Blattes eine Mischfarbe.

- Mit verschiedenen Hilfsmitteln lassen sich zusätzliche Effekte erzielen. So hinterlassen z.B. Kämme, Bürsten, Papierknäuel, eingeschnittene oder gezackte Pappstreifen, Papprohren usw. interessante Spuren.

- Auch verschiedene Bewegungen wie z.B. Wellenbewegungen oder Drehbewegungen ergeben reizvolle Effekte.

- Die entstandenen Papiere lassen sich sehr gut weiterverarbeiten. Sie eignen sich zum Einbinden von Büchern und zum Überziehen von Dosen und Schachteln usw.

Zauberbilder

ab 6 Jahre

EXPERIMENTIERFREUDE, TECHNIK, FANTASIE UND KREATIVITÄT,
MOTORIK, WAHRNEHMUNG, GESTALTUNG, KOMMUNIKATION

Material:

pulverisierte Temperafarbe in Rot, Gelb und Blau, Speiseöl, Zeichenpapier, Wasser, Schaschlik-spieß, Wanne oder Backform, 3 Becher

Wie Primärfarben andere Farben zaubern können, lässt sich sehr schön an diesem Angebot demonstrieren. Vermischen Sie dazu die drei Grundfarben in den Bechern mit Öl zu einer sämigen Masse. Füllen Sie die Wanne zur Hälfte mit Wasser. Setzen Sie anschließend Farbtup-fer des Tempera-Öl-Gemisches mit einem Löffel in das Wasser. Verziehen oder verrühren Sie es mit dem Schaschlikspieß oder dem Löffel. Wenn sich die Farben verteilt haben, legen die Kin-der das Zeichenpapier auf die flüssige Oberfläche. Lässt man das Papier ungefähr eine Minute auf dem Wasser schwimmen, saugt das Papier die Ölfarbe auf und es entstehen zauberhafte Muster auf dem Papier.

Bunte Gießkannenbilder

ab 6 Jahre

EXPERIMENTIERFREUDE, TECHNIK, FANTASIE UND KREATIVITÄT,
MOTORIK, WAHRNEHMUNG, GESTALTUNG, KOMMUNIKATION

Material:

Gießkanne, Wasser, saugfähiges Zeichenpapier, pulverisierte Temperafarbe in Rot, Gelb und Blau, Salz- und Pfefferstreuer

Im Sommer draußen zu malen ist für Kinder sehr attraktiv, besonders dann, wenn sie mit Wasser experimentieren dürfen.

Füllen Sie für diese Übung die Temperafarben in drei verschiedene Salzstreuer. Anschließend legen die Kinder das Zeichenpapier auf Asphalt und übergießen es mit einer Gießkanne mit Wasser, sodass das Zeichenpapier durchnässt ist. Die Kinder streuen dann die pulverisierte Temperafarbe mit den Salzstreuern auf die nasse Fläche. So entstehen interessante Farbeffekte.

Varianten:

- Schlechtwetterbilder: Sie können bei schlechtem Wetter auch das Blatt vom Regen befeuchten lassen.
- Die Kinder können in das noch feuchte, farbige Bild Salz einstreuen. Dadurch entstehen zusätzliche Effekte (Salzbilder).
- Im Winter können Sie auch ein durchnässtes Bild nach draußen legen, bis es gefroren ist. Wenn Sie es in gefrorenem Zustand in den Raum zurückbringen und Farbe über das Blatt streuen, so reagiert die Farbe beim Auftauen mit dem Wasser.

Malen mit Seidenpapier   ab 6 Jahre

EXPERIMENTIERFREUDE, TECHNIK, FANTASIE UND KREATIVITÄT,
MOTORIK, WAHRNEHMUNG, GESTALTUNG, KOMMUNIKATION

Material:

Seidenpapier oder Krepppapier, Zeichenpapier, Wasser, flache Wasserschale

Feuchtes Seidenpapier färbt ab. Diese Tatsache sollen die Kinder sich zu Nutze machen, um mit Seidenpapier bunte Bilder zu gestalten. Dazu erhalten die Kinder verschiedenfarbiges Seidenpapier, das sie in handgroße Stücke zerreißen. Knüllen sie diese zusammen, tauchen sie sie dann in ihr Gefäß mit Wasser und drücken sie sie anschließend fest auf ihr Zeichenpapier, hinterlässt das Seidenpapier farbige Spuren. Je enger und dichter die nassen Papierknäuel auf dem Papier aneinander gesetzt werden, desto mehr neue Farben entstehen und desto bunter wird das Bild. Lässt man die Papierknäuel so lange auf dem Zeichenpapier liegen, bis das Bild getrocknet ist, wird die Farbe noch intensiver. Bei dieser Aktion sollten die Kinder Malkittel tragen, da sich die Farbe nur schwer aus der Kleidung entfernen lässt.

Wenn Filtertüten malen   ab 6 Jahre

EXPERIMENTIERFREUDE, TECHNIK, FANTASIE UND KREATIVITÄT,
MOTORIK, WAHRNEHMUNG, GESTALTUNG, KOMMUNIKATION

Material:

wasserlösliche Filzstifte, weiße Filtertüten, Wasser, Teller

Die Kinder bemalen die Kaffeefiltertüten mit ca. 2 cm großen Punkten. Dabei sollten Sie darauf achten, dass im unteren Teil (schmale, geschlossene Seite) dunklere Farben eingesetzt werden als im oberen Teil. Ist die Filtertüte fertig bemalt, wird der Teller mit Wasser gefüllt. Dann legen die Kinder die Filtertüte mit der geschlossenen Seite so auf den Tellerrand, dass das Papier leicht das Wasser berührt. Das Wasser dringt langsam durch die gesamte Tüte und zieht die Farbe mit sich. Dabei entstehen auch Mischfarben. Die getrocknete Filtertüte verblüfft durch einen batikähnlichen Effekt. Mit den fertigen Tüten können wunderschöne Collagen oder Batikkarten erstellt werden.

Den Namen malen

ab 6 Jahre

FANTASIE UND KREATIVITÄT, MOTORIK, WAHRNEHMUNG, GESTALTUNG, KOMMUNIKATION

Material:

Wachsmalstifte, Filzstifte oder Deckmalfarben, Zeichenpapier DIN A4

Namen klingen. Sie sind hell oder dunkel. Sie rufen Vorstellungen hervor. Gerade die Verbindung eines Namens mit einem Menschen macht die Individualität eines Namens aus. Auf dem Hintergrund dieser Überlegung sollen die Kinder ihren Namen ungefähr 15 cm groß und 1 cm breit auf das Zeichenpapier malen. Anschließend soll der Namenszug bunt ausgemalt werden. Dabei können die Kinder bei der Ausgestaltung Dinge mit einbeziehen, die für sie typisch sind (Lieblingsfarben, Hobbys, Tiere, Pflanzen).

Farbiges Schattenporträt

ab 6 Jahre

FANTASIE UND KREATIVITÄT, MOTORIK, WAHRNEHMUNG, GESTALTUNG, KOMMUNIKATION

Material:

Wachsmalstifte, Filzstifte oder Deckmalfarben, Zeichenpapier Raufasertapete, Paketklebeband, Schreibtischlampe

Befestigen Sie an der Wand mit Paketklebeband ein Stück Tapete. Ein Kind setzt sich im Profil vor diese Wand. Der Kopf des Kindes wird so beleuchtet, dass das Profil seinen Schatten auf die Wand wirft. Ein anderes Kind hält die Umrisse des Profils mit einem Bleistift auf der Tapete fest.

Anschließend soll jedes Kind sein Profil mit Farben und Mustern unmotivisch bunt gestalten. Die Fragen: „Wie fühle ich mich?" oder „Wie sehe ich mich?" können den Kindern hierbei einen Einstieg ins unmotivische Gestalten ermöglichen.

Malen heißt:
Gestalten mit Formen

Aktivitäten rund um Punkt, Kreis, Quadrat und Dreieck.

Formen sind Grundbausteine unserer Umgebung. Tagein und tagaus werden wir mit Formen konfrontiert. Kreis, Kugel, Dreieck, Pyramide, Viereck und Quader sind Figuren aus der Geometrie. Spielerisch begleiten diese Formen Kinder schon von Geburt an, in Form von Rasseln, Bauklötzen, Bällen und anderen Spielmaterialien. Kinder experimentieren mit diesen Formen. So wird schnell aus einem Kreis und einem Rechteck ein Laubbaum und aus drei übereinander aufgestapelten Dreiecken ein Tannenbaum.

Schon früh erkennen Kinder, dass sich Häuser durch ein Viereck in Kombination mit einem Dreieck darstellen lassen, dass sich eine Bergkette durch aneinander gereihte Dreiecke oder dass sich der Kopf eines Menschen durch einen Kreis darstellen lässt. Kinder brauchen Formen. Sie gliedern komplexe Dinge in einfache Einzelteile und machen sie auf diese Weise darstellbar und erlebbar. Kinder benutzen Formen auch zur Darstellung von Mustern, sie reihen sie aneinander und lassen sie sich überschneiden um anschließend die daraus entstandenen Felder bunt auszumalen. Nutzen wir doch diesen spielerischen Umgang der Kinder mit Punkt, Kreis, Quadrat und Dreieck um deren Erfahrungen mit der Formenwelt zu erweitern.

Bunter Hausgrundriss

ab 6 Jahre

EXPERIMENTIERFREUDE, FANTASIE UND KREATIVITÄT, MOTORIK, WAHRNEHMUNG, GESTALTUNG, TECHNIK, SOZIALE KOMPETENZ, KOOPERATION, KOMMUNIKATION

Material:

Zeichenpapier (DIN A3), Temperafarbe, schwarzer Filzstift, Klebstoff, Tapetenbahn

Kinder haben Lieblingsfarben. Oftmals sind Kinderzimmer in diesen Farben eingerichtet. Es kann aber auch sein, dass Kinder mit Farben bestimmte Räume (Keller = schwarz) verbinden. Damit Kinder sich untereinander bewusst über die unterschiedlichen Farbempfindungen austauschen können, sollen sie einen Hausgrundriss bearbeiten. Dazu teilt jedes Kind seinen Bogen Papier mit dem Filzstift senkrecht und waagerecht mit schwarzen Filzstiften so ein, dass die Linien sich durchkreuzen, sodass ein unregelmäßiges Schachbrettmuster mit großen und kleinen Rechtecken entsteht. Die Kinder sollen sich daraufhin die unterschiedlichen Rechtecke als Räume in einem Haus vorstellen. Jedem dieser „Räume" soll nun von den Kindern

eine Farbe zugeordnet werden. Durch das Ausmalen der Rechtecke mit der jeweiligen Farben gestalten die Kinder nun das Bild. Dabei müssen nicht alle Wohnräume eine Farbe erhalten. Ist der Hausgrundriss farbig gestaltet, so präsentieren sich die Kinder gegenseitig ihre Bilder und begründen einander ihre Farbwahl bei den verschiedenen Räumen. Anschließend kleben sie die Grundrisse zu einem großen Teppich auf einer Tapetenbahn zusammen.

Künstler: Piet Mondrian hat viele Bilder nur mit bunten Quadraten und Rechtecken gestaltet, die mit schwarzer Kontur umgeben sind.
Epoche: Abstrakte Malerei.

Steine ziehen Kreise

ab 6 Jahre

EXPERIMENTIERFREUDE, FANTASIE UND KREATIVITÄT, MOTORIK, WAHRNEHMUNG

Material:

Zeichenpapier, schwarze Filzstifte

Kinder sollen sich vorstellen, dass das Zeichenpapier die Grenzen eines Sees darstellt. Die Kinder werfen symbolisch 6–10 Steine in den See, indem sie Punkte auf dem Blatt verteilen. Fallen Steine in einen See, so ziehen sie Kreise. Dementsprechend ziehen die Kinder nun mehrere Kreise um ihre Punkte. Dabei kann es zu Überschneidungen kommen. Die entstandenen kleinen Teilflächen malen die Kinder farbig aus.

> **Künstler und Epoche:** Werke von Robert Delaunay, z.B. Lichterzirkus, Centre National d'Art et de Culture Georges Pompidou, Paris oder Politisches Drama, 1914, National Gallery, Washington.

Legebilder

ab 6 Jahre

EXPERIMENTIERFREUDE, FANTASIE UND KREATIVITÄT, MOTORIK, WAHRNEHMUNG, GESTALTUNG

Material:

Tonpapier in unterschiedlichen Farben, Schere

Aus Tonpapier schneiden die Kinder große, kleine, dicke, dünne, kurze, lange und schmale Dreiecke, Vierecke und Kreise zu. Eine gemischte Anzahl von ca. 150 Exemplaren ist notwendig um folgende Legebilder gemeinsam zu gestalten:

a) Gestalten eines Legebildes nach Groß- und Kleinsortierung
b) Gestalten eines Legebildes nach Farbsortierung
c) Gestalten eines Legebildes nach Formsortierung
d) Gestalten eines Legebildes nach Motivsortierung
e) Gestalten eines kunterbunten Legebildes

Varianten:

- Die Figuren müssen nicht unbedingt aus Tonpapier zugeschnitten werden, vielmehr können die Kinder auch eingefärbtes Papier benutzten; dadurch werden die Legebilder bunter.

Künstler: Pablo Picasso hat viele Bilder gestaltet, indem er verschiedene Formen aneinander gesetzt hat.
Epoche: Kubismus

Viereck-Geschichte

ab 6 Jahre

EXPERIMENTIERFREUDE, FANTASIE UND KREATIVITÄT, MOTORIK, WAHRNEHMUNG, GESTALTUNG

Material:

pro Vers ein Bogen Papier, Buntstift

Zu jedem Vers soll ein Bild gemalt werden.

Viereckgeschichte:

a) Sieh dir dieses Viereck an, was aus ihm entstehen kann.
b) Aus diesem Viereck wird ein Haus, da schauen viele Köpfe raus.
c) Nun wird aus dem Viereck eine Kiste, was wird wohl drinnen sein?
   Wenn ich das nur wüsste.
d) Ich seh mit dem Viereck ein Auto kommen, warum hat's mich nicht mitgenommen?
e) Aus dem Viereck wird ein Schrank, heraus schaut da der kleine Frank.
f) Aus dem Viereck wird nun ein Fenster, durch das entfliehen die Gespenster.
g) Denn es ist nun Mitternacht und das Viereck sagt: „Gut Nacht!"

Variante:

- Kreisgeschichte
  - a) Sie dir diesen Kreis mal an, was aus ihm mal werden kann.
  - b) Aus diesem Kreis wird gleich ein Baum, er blüht so schön, du glaubst es kaum.
  - c) Nun wird aus diesem Kreis ein Rad und auf geht es auf große Fahrt.
  - d) Nun wird aus diesem Kreis 'ne Sonne, Sie erstrahlt in gelber Wonne.
  - e) Schon sehe ich den Mond ankommen – schnell die Sonne weggenommen!
  - f) Ach, der Kreis will schlafen gehen, ist schon bald nicht mehr zu sehen.
- Dreieckgeschichte
  - a) Sieh dir dieses Dreieck an, was aus ihm entstehen kann.
  - b) Aus diesem Dreieck wird ein Dach, worauf ein kleiner Rabe lacht.
  - c) Aus diesem Dreieck wird ein Zelt, vor dem ein Indianer Wache hält.
  - d) Aus diesem Dreieck wird ein Clown, wie schön er ist – man glaubt es kaum.
  - e) Das Dreieck wird zum Tannenbaum, er funkelt wie ein Weihnachtsbaum.
  - f) Viele Dreiecke sind ein Wald, da lugt hervor ein Bär schon bald.
  - g) Ein Dreieck kann auch ein Segel sein, bläst der Wind, so fährt das Schiff heim.

Binden Sie die Bilder anschließend zu einem Buch.

Viereck-Legebild

ab 6 Jahre

EXPERIMENTIERFREUDE, FANTASIE UND KREATIVITÄT, MOTORIK, WAHRNEHMUNG, GESTALTUNG

Material:

Tonpapier in unterschiedlichen Farben, Schere, Klebstoff, schwarzes Tonpapier

Aus dem bunten Tonpapier schneiden die Kinder unterschiedlich große Vierecke aus, mit denen sie Bilder gestalten sollen. Dies geschieht durch das Aufkleben der Vierecke auf schwarzes Tonpapier.

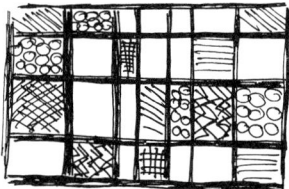

> **Künstler:** Piet Mondrian hat viele Bilder nur mit bunten Quadraten und Rechtecken gestaltet, die mit schwarzer Kontur umgeben sind.
> **Epoche:** Abstrakte Malerei

Mosaik-Spiel
ab 6 Jahre

EXPERIMENTIERFREUDE, FANTASIE UND KREATIVITÄT, MOTORIK, WAHRNEHMUNG,
GESTALTUNG, SOZIALE KOMPETENZ, KOOPERATION, KOMMUNIKATION

Material:

großer Bogen Karton, vier schwarze Filzstifte, Temperafarbe, Pinsel, Becher

Vier Mitspieler sitzen sich an einem Tisch gegenüber. Mit verbundenen Augen sollen sie
nacheinander zwölf unterschiedlich große Vierecke auf einen großen Kartonbogen zeichnen.
Dadurch kommt es zu einigen Überschneidungen, wodurch neue Vierecke entstehen. Diese
malen sie dann mit Wachsmalstiften aus. Dieses Spiel können sie auch mit Kreisen oder Dreiecken durchführen.

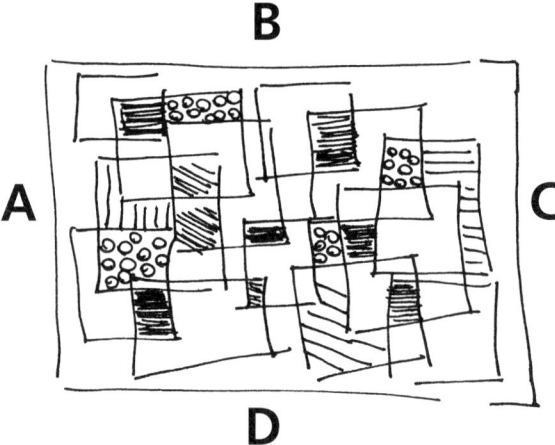

Tiere aus Elemetarformen
ab 6 Jahre

EXPERIMENTIERFREUDE, FANTASIE UND KREATIVITÄT, MOTORIK, WAHRNEHMUNG,
GESTALTUNG, KOMMUNIKATION, KOOPERATION, SOZIALE KOMPETENZ

Die Kinder bilden Vierergruppen. Aus geometrischen Elementarformen lassen sich Tier- und
Menschenfiguren darstellen. So können die Kinder Kreise, Dreiecke oder Vierecke für Augen,
Nase, Ohren oder Mund einsetzen. Vielleicht können sie auch den Kopf mit Haaren versehen.

Dazu muss jedes Kind aus Tonpapier große, kleine, dicke, dünne, kurze, lange und schmale Dreiecke, Vierecke und Kreise zuschneiden. Ca. 150 verschiedene Formen sind für eine Gruppe notwendig, um ein gemeinsames Legebild zu gestalten. Die Gestaltungsidee erarbeiten die Kinder in der Gruppe gemeinsam.

Künstler: Pablo Picasso hat viele Bilder gestaltet, indem er verschiedene Formen aneinander gesetzt hat.
Epoche: Kubismus

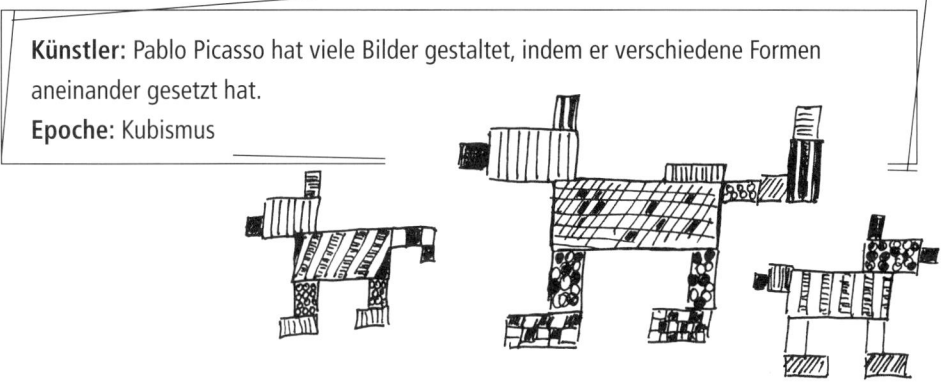

Fantasiegesicht aus Vierecken und Dreiecken

ab 6 Jahre

EXPERIMENTIERFREUDE, FANTASIE UND KREATIVITÄT, MOTORIK, WAHRNEHMUNG, GESTALTUNG

Material:

Zeichenpapier, Bleistift, Buntstifte

Zwei Kinder stehen sich am Maltisch gegenüber, vor ihnen liegt ein weißes Papier. Die Aufgabe der beiden Kinder besteht nun darin, möglichst viele unterschiedlich große Vierecke und Dreiecke so auf das Blatt zu malen, dass diese sich auch überschneiden. Ist das Papier mit diesen Formen ausgemalt und mit zahlreichen Überschneidungen versehen, beginnt der zweite Schritt des Arbeitsauftrages. Die Kinder sollen aus dem Wust ihrer Formen ein Gesicht assoziieren und dieses anschließend gemeinsam ausmalen.

Künstler: Pablo Picasso hat viele Bilder gestaltet, indem er verschiedene Formen aneinander gesetzt hat.
Epoche: Kubismus

Blick aus dem Flugzeug

ab 6 Jahre

EXPERIMENTIERFREUDE, FANTASIE UND KREATIVITÄT, MOTORIK, WAHRNEHMUNG, GESTALTUNG

Material:

bunte Filzstifte, ein schwarzer Filzstift, Zeichenpapier, blaue Temperafarbe, Borstenpinsel Nr. 10, Gefäß und Wasser

Wenn wir hoch über den Wolken im Flugzeug sitzen und auf die Erde hinunterblicken, sehen die Flüsse und Felder, über die wir hinwegfliegen, sehr winzig und klein aus. Die Kinder sollen einen solchen Blick aus dem Fenster eines Flugzeuges auf eine Fluss- und Feldlandschaft darstellen. Mit schwarzem Filzstift verteilen sie ungefähr zwanzig Punkte über das gesamte Zeichenpapier. Diese verbinden die Kinder anschließend willkürlich mit Linien. So entstehen freie Formen, die die Felder der Landschaft, über die das Flugzeug fliegt, darstellen. Jedes dieser Felder soll nun ein eigenes Muster und oder Farbe mit Filzstift erhalten. Ist dies geschehen, fügen die Kinder Flüsse in das Bild ein. Dazu malen sie mit dem Pinsel und der Temperafarbe mehrere große und kleine Flüsse aus der Sicht eines Flugzeuges oder eines Vogels quer über die Zeichnung.

Künstler und Epoche: Paul Klee hat sehr viel mit Flächen und Formen in seinen Bildern gespielt. Dabei entstanden viele Bilder, die den Eindruck eines Blickes aus dem Flugzeug wiedergeben.

Bildbetrachtung: z.B. Paul Klee: Garten am Bach, 1927, 27,5 x 65,5 cm oder Hauptweg und Nebenwege 83,7 x 67,5 cm, Museum Ludwig, Köln. Hinweise zur Bildbesprechung finden Sie ab S. 170.

Spiegelbild von New York

ab 6 Jahre

EXPERIMENTIERFREUDE, FANTASIE UND KREATIVITÄT,
MOTORIK, WAHRNEHMUNG, GESTALTUNG, TECHNIK

Material:

Zeichenpapier, Filzstift, kleine rechteckige Schachteln (Streichholzschachteln, Medikamenten-
schachteln, Schmuckkästchen etc.)

Die Kinder falten das Papier waagerecht
in der Mitte. Nun sollen sie oberhalb dieser Mittellinie unterschiedliche rechtek-
kige Formen mit den Schachteln aufstel-
len, die sie mit dem Filzstift umfahren.
Aufstellfläche für die Schachteln ist die
gefaltete Mittellinie. Ist die Mittellinie
ganz mit rechteckigen Formen gefüllt,
so erhalten alle dadurch entstandenen rechteckigen Flächen Fenster und Dächer. Die Skyline
New Yorks ist somit fertig gemalt. In einem weiteren Schritt drehen die Kinder das Blatt um,
sodass alle vorher entstandenen Hochhäuser auf dem Kopf stehen. Nun spiegeln die Kinder
die Stadt. Dazu müssen sie zuerst die Kästchen wieder finden, die sie vorher als Schablonen
benutzt haben. Dann zeichnen sie deren Umriss an die entsprechende Stelle. Anschließend
erhalten auch diese Flächen entsprechend ihrem Vorbild Fenster und Dächer.

Gestaltung von Mandalas

ab 6 Jahre

EXPERIMENTIERFREUDE, FANTASIE UND KREATIVITÄT, MOTORIK, WAHRNEHMUNG,
GESTALTUNG, TECHNIK, KOOPERATION, SOZIALE KOMPETENZ, KOMMUNIKATION

Material:

Pappe, Zirkel, Papier, Bleistift, Buntstifte oder Wachsmalstifte, Schere, Teppichmesser, Musik

Vorsicht!

Mit Hilfe eines Zirkels lassen sich einfach auf Kreisen beruhende Mandalas herstellen. Wenn
Sie weitere geometrische Formen wie z.B. Vierecke, Dreiecke oder Sechsecke verwenden wollen, benötigen Sie Schablonen. Diese können Sie als Positive oder als Negative herstellen.

Positive Schablone:

Die Kinder schneiden mit einer Schere aus Pappe geometrische Formen in verschiedenen Größen aus und umfahren sie mit einem Bleistift so, dass anschließend ein symmetrisches Muster entsteht.

Negative Schablone:

Mit einem Teppichmesser (Vorsicht!) schneiden die Kinder aus Pappe geometrische Formen in verschiedenen Größen aus. Die in der Pappe zurückbleibende Leerform ist eine negative Schablone. Mit den erstellten Schablonen und dem Zirkel können die Kinder mit musikalischer Untermalung um eine Mitte angeordnete symmetrische Muster entwerfen.
Anschließend können die Kinder gemeinsam ein Mandalabuch gestalten, indem sie aus allen gemeinsam erstellten Mandalas die besten auswählen und zu einem Buch zusammenheften. Sie können sie auch lochen und mit einem Wollfaden zu einem kleinen Buch binden. So können alle selbst gestalteten Mandalas der Kinder bei Bedarf für alle kopiert und anschließend ausgestaltet werden.

Tipp:

Für eine angenehme Atmosphäre und Stimmung zur Herstellung von Mandalas können Sie durch den Einsatz ätherischer Öle und Duftlampen sorgen.

Riesen-Mandala   ab 6 Jahre

EXPERIMENTIERFREUDE, FANTASIE UND KREATIVITÄT, MOTORIK, WAHR-NEHMUNG, GESTALTUNG, TECHNIK, KOOPERATION, SOZIALE KOMPETENZ, KOMMUNIKATION

Material:

weiße Wand oder mit Papier bedeckte Wand, Dia oder kopierte Folie eines Mandalas, Diaprojektor oder Overheadprojektor, Bleistift, Deckmalfarben

Projizieren Sie ein Dia oder eine Folie, auf dem oder der ein Mandala abgebildet ist, an die Wand. Übertragen Sie die Umrisse mit Bleistift auf das Papier. Anschließend wird der Projektor ausgeschaltet und das Riesen-Mandala gemeinsam neu ausgemalt.

Epoche: Gotik
Bildbesprechung: ein gotisches Rosettenfenster
Hinweise zur Bildbesprechung finden Sie ab S. 170.

Blumen-Mandala   ab 6 Jahre

EXPERIMENTIERFREUDE, FANTASIE UND KREATIVITÄT, MOTORIK,
WAHRNEHMUNG, GESTALTUNG, TECHNIK, KOOPERATION, SOZIALE KOMPETENZ

Material:

viele bunte Blüten, Blütenblätter, Musikwiedergabegerät, Kassette oder CD

Machen Sie als Einführung einen
Spaziergang über eine Blumenwiese. Die Kinder sollen unterschiedlich große und farbige Blätter
und Blüten sammeln. Die Kinder
gestalten gemeinsam mit Blüten
und Blättern ein Blumen-Mandala.
Mit Meditationsmusik können Sie eine
ruhige Atmosphäre schaffen.

Epoche: Gotik
Bildbesprechung: ein gotisches Rosettenfenster

Formenbeutel

ab 6 Jahre

FANTASIE UND KREATIVITÄT, MOTORIK, WAHRNEHMUNG, GESTALTUNG

Material:

Gegenstände des Alltags, die sich durch geometrische Formen auszeichnen, z.B. Apfel, Birne, Nähgarnrolle, Döschen, Streichholzschachtel, Bleistift, Lineal usw., ein Säckchen

Füllen Sie die Gegenstände in den Beutel. Die Kinder sitzen im Kreis. Jedes Kind kommt an die Reihe und sucht sich aus dem Formenbeutel einen Gegenstand aus ohne ihn aus dem Säckchen zu nehmen. Es versucht zuerst die Form und dann den Gegenstand zu erkennen.

Varianten:

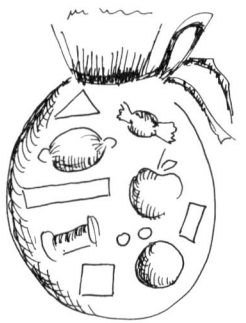

- Um die Formwahrnehmung zu erschweren tragen die Kinder gut gepolsterte Skihandschuhe.

- Ein Stoffbeutel enthält viele zugeschnittene Moosgummi-formen (Dreiecke, Quadrate, Kreise). Die Kinder greifen mit geschlossenen Augen in den Beutel hinein, nehmen jeweils eine Form in die Hand und versuchen sie zu erfühlen. Danach nehmen sie die ertasteten Formen aus dem Beutel und fügen sie im Domino-System zu einem Fantasiebild zusammen.

Formenmenschen

ab 7 Jahre

FANTASIE UND KREATIVITÄT, MOTORIK, WAHRNEHMUNG, GESTALTUNG

Material:

Zeichenpapier, schwarzer Filzstift, Buntstifte

Die Kinder malen mit schwarzem Filzstift über das gesamte Zeichen-papier verteilt viele Rechtecke und Dreiecke. Anschließend gestalten sie daraus Menschen, die sich bewegen. Die Formen werden zu lebendi-gen Figuren, indem die Kinder ihnen Kopf, Arme, Beine, Hände und Füße geben. Dabei können sie Arme und Beine durch einfache Filzstiftstriche und den Kopf durch einen einfachen Kreis dem Rumpf hinzufügen.

8 | Malen heißt: Zeichnen

Aktivitäten rund um die Linie

Schon im Alter von zwei Jahren übt das Kleinkind den Umgang mit der Linie. Das Kind beobachtet, wie die Eltern einen Stift auf dem Papier beim Schreiben bewegen. Es dauert nicht lange, bis das Kind versucht diese Tätigkeit nachzuahmen. Bald beobachtet es im eigenen Tun, wie Bleistift, Buntstift oder Wachsmalkreide ihre Spuren auf dem Papier hinterlassen und welchen Druck es auf den Stift ausüben muss, um eine kräftigere bzw. eine dünnere Linie zu erhalten. Es erfährt den Widerstand, den das Papier ausübt, wenn es den Stift über das Papier gleiten lässt. Dementsprechend sind es motorische Aspekte, die im Kind unbewusst das Interesse an der Linie wecken und es zum Kreiskritzeln veranlassen. Es entdeckt, dass es selbst Spuren in Linienform hinterlässt, wenn es mit einem Stock in den Sand malt oder wenn es mit dem Finger über eine beschlagene Fensterscheibe gleitet. Im Laufe seiner Entwicklung erobert es sich die gestalterische Herrschaft über die Linie und zeichnet mit ihr schließlich Menschen, Tiere, Häuser, Bäume, Pflanzen, Bewegungen usw. Beim Schuleintritt übernimmt die Linie für das Kind eine ganz neue Rolle. Sie reduziert sich sehr schnell zum Mittel, um Buchstaben zu formen, und wird kaum noch als gestaltendes Element genutzt. Dabei lässt gerade die Linie einen sehr großen kreativen Spielraum. Es gilt also, den Kindern die Linie auch weiter als gestalterisches Element zu erhalten und sie nicht nur zum Mittel der Schrift zu reduzieren. Malen und Zeichnen sind Sprachen, die nur andere Schriftzeichen benutzten. Im Folgenden finden Sie einige leicht umsetzbare Übungen, die die Linie wieder in den Mittelpunkt von spielerischer Gestaltung setzen.

Mit dem Namen zeichnen

ab 6 Jahre

EXPERIMENTIERFREUDE, FANTASIE UND KREATIVITÄT, MOTORIK, WAHRNEHMUNG, SCHRIFT

Material:

Zeichenpapier, schwarzer Filzstift

Das Schreiben des Namens nimmt anfangs für Kinder eine wichtige Stellung ein. Warum also das Schriftbild nur im Deutschunterricht fördern? Wenn man ihn malen darf, macht das Schreiben des eigenen Namens sicherlich mehr Spaß. Die Kinder schreiben wiederholt ihren Namen. Sie füllen so das gesamte Blatt aus. Dabei geht ein Namenszug in den anderen über.

Die Schriftzüge sollen sowohl nach unten und nach oben, als auch nach rechts und links miteinander in Verbindung stehen. Es gibt also keine Lücken und keine Zwischenräume zwischen den Namenszügen. Haben die Kinder das Blatt mit Namenszügen gefüllt, malen sie die weißen Flächen mit farbigen Filzstiften aus.

Mit Buchstaben malen

ab 7 Jahre

EXPERIMENTIERFREUDE, FANTASIE UND KREATIVITÄT, MOTORIK, WAHRNEHMUNG, SCHRIFT

Material:

Zeichenpapier, schwarzer Filzstift, Buntstifte

Buchstaben stehen im Mittelpunkt des Sprachunterrichts. Das malerische Spielen mit Buchstaben bietet Ihnen somit eine einfache Möglichkeit, fächerübergreifend zu arbeiten. Die Kinder malen mit dem Filzstift über die gesamte Zeichenfläche Groß- und Kleinbuchstaben. Sie können die Buchstaben frei im Raum darstellen oder miteinander in Verbindung setzen. Ziel ist es, das ganze Papier mit vielen verschiedenen Großbuchstaben zu füllen, sodass ein Muster entsteht. Die weißen Zwischenräume malen sie anschließend mit Buntstiften aus.

Variante:

- Statt Buchstaben können die Kinder auch Zahlen gestalten.

Schneckenbild

ab 6 Jahre

EXPERIMENTIERFREUDE, FANTASIE UND KREATIVITÄT, MOTORIK, WAHRNEHMUNG

Material:

Zeichenpapier, Filzstift

Die Kinder malen über das gesamte Zeichenpapier viele kleine und große Schneckenhäuser.
Dazu verteilen sie über das Zeichenpapier ungefähr 15–20 Punkte, um die die Schneckenhäuser angeordnet werden. Alle Schneckenhäuser
müssen miteinander in Verbindung stehen.

Mit Tonlängen zeichnen

ab 6 Jahre

EXPERIMENTIERFREUDE, FANTASIE UND KREATIVITÄT, MOTORIK, WAHRNEHMUNG

Material:

Zeichenpapier, Filzstift, Musikinstrumente, Geräusche

Die Kinder konzentrieren sich darauf, wie lange sie Töne von
Musikinstrumenten oder anderen Geräuschen hören. Dazu
zeichnen sie Spiralen, die sie auslaufen lassen können, bis
sie den Ton nicht mehr hören.

Bienenflug
ab 6 Jahre

EXPERIMENTIERFREUDE, FANTASIE UND KREATIVITÄT, MOTORIK, WAHRNEHMUNG

Material:

Zeichenpapier, Filzstift

Die Kinder stellen sich vor, sie seien eine Biene auf Honigsuche. Auf ihrer Suche nach dem besten Honig legt die Biene eine große Wegstrecke zurück, denn viele Objekte stehen ihr bei ihrem Flug im Weg, die sie umfliegen muss. Nun sollen die Kinder mit nur einer „Fluglinie", ohne den Stift abzusetzen, ihren Flug zeichnerisch beschreiben.

Schulhofanstrich
ab 6 Jahre

EXPERIMENTIERFREUDE, TECHNIK, FANTASIE UND KREATIVITÄT,
MOTORIK, WAHRNEHMUNG, GESTALTUNG

Material:

Zeichenpapier, farbiger Filzstift

Die Kinder stellen sich vor, das Zeichenpapier sei ihr Schulhof und sie sollen ihn anstreichen. Dabei sollen sie mit nur einer Farbe ein wunderschönes Linienmuster auf den Schulhof malen. Die Kinder sollen für dieses Vorhaben Entwürfe zeichnen.

Beidhändiges Malen

ab 6 Jahre

EXPERIMENTIERFREUDE, TECHNIK, FANTASIE UND KREATIVITÄT, MOTORIK, WAHRNEHMUNG

Material:

Tapetenrolle, Wachsmalkreide, Deckmalfarbe, Klebeband

Befestigen sie für jedes Kind zwei Bahnen Tapetenrolle mit Klebeband an der Wand. Jedes Kind nimmt in jede Hand einen Wachsmalstift. Nun sollen die Kinder mit beiden Händen parallel kreisende Bewegungen auf der „Tapetenleinwand" ausführen. Anschließend nehmen sie die Bilder von der Wand um die noch freien Flächen mit Aquarellfarben zu bemalen. Dabei perlt die Aquarellfarbe an den Stellen ab, wo die Zeichnung mit Wachsmalstiften ausgefüllt ist.

Linienbilder in Sand,
Salz und Körnern

ab 6 Jahre

EXPERIMENTIERFREUDE, FANTASIE UND KREATIVITÄT, MOTORIK, WAHRNEHMUNG

Material:

eine flache große Papp- oder Holzkiste bzw. Serviertablett oder Schublade, Sand, Salz oder Körner

Füllen Sie in die flache Kiste entweder Sand, Salz oder Körner. Danach sollen die Kinder ihre Finger durch das Material gleiten lassen. Dabei hinterlassen die Finger Spuren. Die Aufgabe besteht darin, unterschiedliche Muster auszuprobieren.

Variante:

- Verteilen Sie Rasierschaum auf einer großen Plastikbahn. Die Kinder können anschließend in diese Masse Muster zeichnen.

Tipp:

Fotografieren Sie die entstandenen Muster.

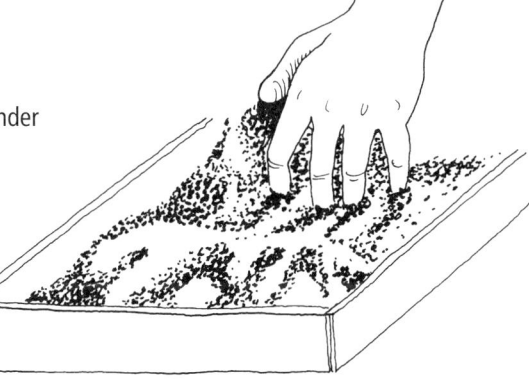

Akrobat aus einer Linie   ab 6 Jahre

EXPERIMENTIERFREUDE, FANTASIE UND KREATIVITÄT, MOTORIK, WAHRNEHMUNG, GESTALTUNG

Material:

Zeichenpapier, Bleistift oder Filzstift

Viele Erwachsene gestalten beim Telefonieren
mit ihrem Kugelschreiber Kritzelbilder aus einer
Linie. Ebenso sollen die Kinder einen Akrobaten,
einen Schlangenmenschen, einen Narren oder
ein Clowngesicht aus einer Linie erarbeiten ohne
den Stift abzusetzen. Dabei dürfen sie keine
Linie mehrmals übermalen. Die Linien dürfen
sich kreuzen.

> **Künstler und Epoche:** Paul Klee
> **Bildbetrachtung:** „Narr in Trance", Sammlung Strecker oder „Der Mann
> mit dem Mundwerk", 1930, 43,9 x 43 cm oder **Picasso:** „Akrobatin",
> Sammlung Marina Picasso
> Hinweise zur Bildbesprechung finden Sie ab S. 170.

Blindes Gestalten
einer Figur aus einer Linie   ab 6 Jahre

EXPERIMENTIERFREUDE, FANTASIE UND KREATIVITÄT, MOTORIK, WAHRNEHMUNG, GESTALTUNG

Material:

größerer Pappkarton, Schere, Bleistift, Buntstifte, Zeichenblatt

Mit dieser Übung können sich die Kinder in die Situation eines Blinden versetzen. Schneiden
Sie den Karton an einer Breitseite rechteckig aus. Die Kinder legen unter den Karton ein Zei-

chenblatt. Die Kinder sollen unter diesem Karton, ohne dass sie ihr Bild sehen, ein Zauberbild malen. Wenn die Kinder das fertige Blatt unter dem Karton herausziehen, werden sie über ihr eigenes Werk überrascht sein. Alle Kinder sollen nun im Uhrzeigersinn ihr Bild an ihren Tischnachbarn weitergeben. Dieser soll nun erraten, was sein Nachbar wohl darstellen wollte.

Variante:

• Den Kindern werden beim Malen die Augen verbunden.

Künstler und Epoche: Paul Klee
Bildbetrachtung: „Narr in Trance", Sammlung Strecker oder „Der Mann mit dem Mundwerk", 1930, 43,9 x 43 cm oder **Picasso:** „Akrobatin", Sammlung Marina Picasso
Hinweise zur Bildbesprechung finden Sie ab S. 170.

Bilderbuch mit einer Linie   ab 6 Jahre

FANTASIE UND KREATIVITÄT, WAHRNEHMUNG, GESTALTUNG

Material:

Bleistift, Buntstifte, pro Vers ein Bogen Papier, Locher, Wolle

Zu jedem der folgenden Verse malen die Kinder ein kleines Bild, das anschließend mit den vorgelesenen Versen beschriftet und zu einem Buch gebunden wird (pro Vers ein Bild).

a) Sieh dir diesen Strich mal an, was aus ihm mal werden kann.

b) Aus diesem Strich wird gleich ein Weg, der führt über einen Steg.

c) Nun wird aus diesem Strich ein Haus, ganz da unten wohnt die Maus.

d) Schon seh ich die Katze kommen, schnell die Maus hinweggenommen.

e) Aus diesem Strich wird nun ein Kasten, denn das Mäuschen muss nun fasten.

f) Aus dem Strich wächst nun ein Baum, da wirst du staunen, glaubst es kaum!

g) Ach, der Strich will schlafen gehen, ist schon bald nicht mehr zu sehen.

   (Frei nach Doris Beuth)

Wellenbild

ab 6 Jahre

EXPERIMENTIERFREUDE, FANTASIE UND KREATIVITÄT, MOTORIK, GESTALTUNG

Material:

zwei Raufaser-Tapetenrollen oder Packpapier, schwarzer Filzstift oder schwarze Wachsmal-stifte in der Anzahl der Schüler, Buntstifte oder Filzstifte, Kassettenrekorder, Musik, Tische

Stellen Sie mehrere Tische zu zwei großen Tischen aneinander, sodass die Kinder sie umlaufen können. Die Kinder teilen sich in zwei Gruppen auf. Rollen Sie über die beiden Tische jeweils eine Tapetenrolle, die sie mit Klebeband am Tisch befestigen. Jedes Kind erhält einen dicken Filzstift. Zur Musik laufen die Kinder um die Tische. Dabei hält jedes Kind seinen Stift beim Gehen auf die Zeichenfläche und versucht darauf Wellenspuren zu hinterlassen. Setzt die Mu-sik aus, wechseln die Kinder die Tische und der Prozess beginnt von neuem. Die Kinder sollen den Tisch mehrfach wechseln, da sie so die Kontrolle über ihre eigenen Linien verlieren und sich immer wieder neu auf den Prozess einlassen müssen. Anschließend darf sich jedes Kind auf der gesamten „Tapetenleinwand" eine Stelle aussuchen, die es mit Farben ausgestalten möchte.

Stift am Stab

ab 6 Jahre

EXPERIMENTIERFREUDE, FANTASIE UND KREATIVITÄT,
MOTORIK, WAHRNEHMUNG, GESTALTUNG, TECHNIK

Material:

Rundholzstab – ungefähr 80cm lang in Anzahl der Schüler, Klebefolie, Filzstift, Raufaser-Tapete

Rollen Sie die Tapete über den Boden aus und kleben Sie sie mit Klebefolie am Boden fest. Die Kinder kleben den Filzstift am Ende des Rundholzstabes ebenfalls mit Klebefolie fest. Nun kann das Zeichnen beginnen.
Die Kinder führen stehend ihren Stift am Stab über die Zeichenfläche um ein Motiv zu gestalten. Dabei ist es sehr schwierig, den Zeichenstab zu koordinieren. Dennoch können dabei abstrak-te Bilder entstehen, die die Kinder anschließend gemeinsam farbig ausgestalten.

> **Künstler und Epoche:** Der französische Maler Henri Matisse hat viele seiner Bilder mit solch einem langen Zeichenstab entworfen.

Geräusche oder Klangzeichnungen ab 6 Jahre

EXPERIMENTIERFREUDE, FANTASIE UND KREATIVITÄT,
MOTORIK, WAHRNEHMUNG, GESTALTUNG, TECHNIK

Material:

Filzstift, Zeichenpapier, Musikinstrumente, Geräusche oder Musikstück

Klänge können die Kinder nicht nur in Farben, sondern auch in Linien umsetzen. Schlagen Sie Musikinstrumente wie z.B. das Tamburin, die Triangel oder das Xylophon an. Die Kinder sollen eine Linienführung zeichnen, die ihnen für die Darstellung des Tones angemessen erscheint. Fordern Sie sie dazu auf, sowohl die Tonhöhe als auch die Tonlänge zu berücksichtigen.

Variante:

- Die Kinder stellen ein Musikstück zeichnerisch dar.
  Dabei dürfen sie den Stift nicht absetzen.

Zuerst die Farbe, dann die Linie   ab 6 Jahre

EXPERIMENTIERFREUDE, FANTASIE UND KREATIVITÄT,
MOTORIK, WAHRNEHMUNG, GESTALTUNG, TECHNIK

Material:

Tapetenrolle oder Packpapier, Temperafarbe, Pinsel, Becher, dicke Filzstifte

Meist malen Kinder zuerst die Umrisse und füllen sie anschließend mit Farbe aus. Hier arbeiten die Kinder einmal umgekehrt. Die Kinder bedecken den gesamten Malgrund mit Farbklecksen. Ist das Bild getrocknet, sollen die Kinder zusammenhängende Farbkleckse miteinander zu Traum- oder Fabelwesen verbinden, indem sie sie mit Filzstift umfahren, ihnen so einen Körper, Augen, Nasen, Ohren und Hände geben.

Die Reise mit dem Filzstift   ab 6 Jahre

EXPERIMENTIERFREUDE, FANTASIE UND KREATIVITÄT, MOTORIK, WAHRNEHMUNG

Material:

Papier, Blei- oder schwarzer Filzstift,

Lesen Sie das Gedicht langsam vor. Die Kinder sollen parallel das Gehörte bildhaft auf Papier übertragen. Dabei geht es weniger um das fertige Bild als um den Entstehungsprozess.

Zuvor sollten Sie die Kindern darauf aufmerksam machen, was ihr Bleistift alles kann: Er kann Kreise ziehen, kann sich wie eine Schlange bewegen, er kann über das Blatt Schleifen laufen und Treppen steigen, er kann Blitze malen, hüpfen und springen, er kann auf Berge klettern und Täler durchwandern, er kann im Zickzack laufen und Bogen ziehen. Er kann Spiralen auf dem Eis laufen und Schneckenhäuser bauen …

Lesen Sie die Versgeschichte vor.
Lassen sie zu jedem Zweizeiler genügend Zeit, um parallel zum Vorlesen das Gehörte bildhaft in einem Bild darzustellen.

Ein Filzstift wollt´ auf Reisen gehen

Ein Filzstift wollt´ auf Reisen gehen,
als Spur war gleich ein Strich zu sehen.

Der Weg ist grad, der Weg ist krumm,
drum läuft der Stift im Kreise rum.

Aus diesen Kreisen werden Bögen,
ach wär der Stift zu Haus geblieben.

Verzweifelt läuft er hin und her,
durchkreuzt die eignen Spuren
und sieht sie dann nicht mehr.

Doch seine Reise führt ihn weiter,
aus ihm wird gleich ein Wellenreiter.

Die Wellen schwingen hin und her,
als bald kommt dann ein Sturm daher.

Der Sturm, er bläst mit voller Wonne,
und lässt im Meer 'nen Strudel kommen.

Der Stift, ganz schwindlig von des Sturmes Brausen,
kommt im Zickzack nur nach Hause.

Ach, der Stift will schlafen gehen,
ist auch gleich nicht mehr zu sehen.

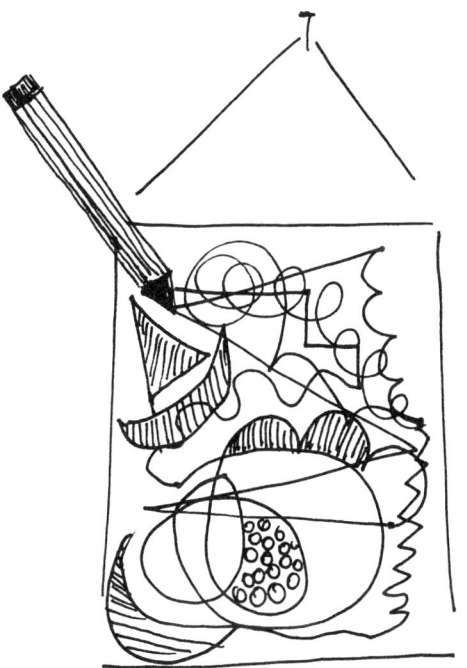

Die Kinder können nach der zeichnerischen Umsetzung ihre Bilder
mit Temperafarbe bunt anmalen.

Künstler und Epoche: Paul Klee spielte
in vielen seiner Bilder mit der Linie.

Linien weiterentwickeln ab 6 Jahre

EXPERIMENTIERFREUDE, FANTASIE UND KREATIVITÄT, MOTORIK, GESTALTUNG, TECHNIK

Material:

vorbereitete Kopien, Filzstift oder Bleistift, Buntstifte

Verteilen Sie eine Kopie, auf der eine Linienkombination dargestellt ist. Diese Linienkombination soll von den Kindern zu einem Bild weiterentwickelt werden.

Linien aus einem Bild aufgreifen   ab 6 Jahre

EXPERIMENTIERFREUDE, FANTASIE UND KREATIVITÄT, MOTORIK, WAHRNEHMUNG, GESTALTUNG

Material:

Kunstpostkarten, die ein deutliches Linienspiel aufweisen, eventuell auch Kopien einer Kunstpostkarte, Zeichenpapier, Filzstift, Klebstoff

Kinder lieben Veränderungen. Oftmals kann man sie dabei beobachten, wie sie ein Bild übermalen. In der folgenden Aufgabe sollen die Bilder nicht übermalt werden, sondern prägnante Linien weitergemalt werden.

Die Kinder kleben die Kunstpostkarte in die Mitte des Zeichenpapiers. Nun sollen die Kinder sich vorstellen, der Künstler sei noch nicht fertig mit seinem Bild gewesen. Er wollte eigentlich noch einige Linien aus dem Bild herauswachsen lassen. Die Aufgabe besteht für die Kinder nun darin, die unvollendete Arbeit des Künstlers zu beenden, indem sie markante Linien des Bildes auf ihrem Zeichenblatt weitermalen.

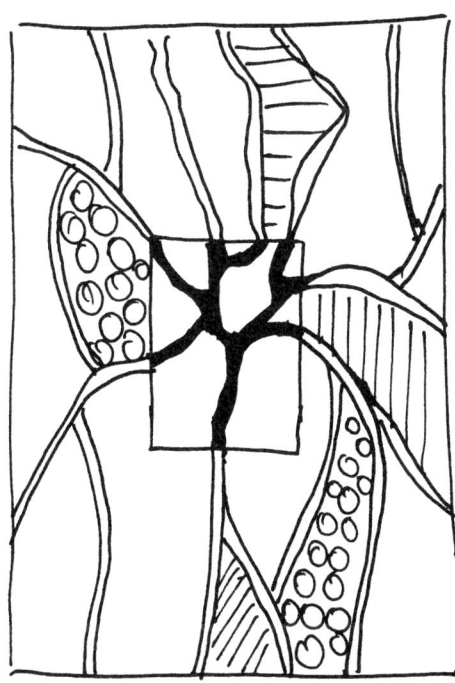

Aber ich kann doch gar
nicht malen

9 | Malen heißt: Drucktechniken kennen

Aktivitäten
rund um Gutenbergs Druckwerkstatt

Dank Gutenbergs Entdeckung der Buchdruckkunst sind uns Drucktechniken vertraut. Diese Technik ermöglicht uns grafische Erzeugnisse zu vervielfältigen, um sie einem größeren Publikum zugänglich zu machen.

Dabei standen Gutenberg zwei ganz unterschiedliche Drucktechniken zur Verfügung, das Hoch- und das Tiefdruckverfahren.

Holzschnitt = Hochdruckverfahren
Kupferstich = Tiefdruckverfahren

Mit Kindern arbeitet man zumeist mit dem Hochdruckverfahren. Sie können aber auch mit dem Flachdruckverfahren arbeiten, d.h. Monotypien oder Einmaldrucke herstellen.

Bei den Drucktechniken stellt die Zeichnung nur einen Entwurf dar. Achten Sie bei der Erstellung des Entwurfs darauf, dass die Druckgrafik später spiegelverkehrt erscheint.

Für Kinder stellt die Vervielfältigung einen ganz besonderen Reiz dar. Aber auch verschiedenste Materialien, die als Stempel ihre Spuren auf einem Blatt Papier hinterlassen können, begeistern Kinder und inspirieren sie zu immer neuen Bildvariationen und Gestaltungsmöglichkeiten.

Der Hochdruck

Beim Hochdruck wird alles, was nicht gedruckt werden soll, mit speziellem Werkzeug aus dem Druckstock herausgeschnitten. Dies bedeutet, dass beim Hochdruck nur die erhabenen, also die hervortretenden Flächen gedruckt werden.

Dazu wird der Druckstock mit Hilfe einer Walze und Druckerschwärze eingefärbt. Es nehmen nur die stehen gebliebenen Flächen Farbe an. Nun wird ein saugfähiges Papier auf den Druckstock gelegt. Dann schiebt man Druckstock und Papier in die Presse, damit durch Druck die Farbe auf das Papier übertragen werden kann. Das Ergebnis ist immer spiegelverkehrt. D.h., alles was später links sein soll, muss rechts gezeichnet werden und umgekehrt. Als Druckstock können unterschiedliche Materialien verwendet werden. Albrecht Dürer z.B. benutzte mit Vorliebe für diese Drucktechnik Holz. Es entstand dadurch der so genannte Holzschnitt. Da Holz sich jedoch von Kindern schlecht bearbeiten lässt, hier einige Vorschläge, um mit Kindern den Hochdruck erleben zu können.

Linolschnitt
ab 8 Jahre

EXPERIMENTIERFREUDE, TECHNIK, FANTASIE
UND KREATIVITÄT, MOTORIK, WAHRNEHMUNG, GESTALTUNG

Material:

Linolplatte oder PVC-Fußbodenbelag, Zeichenpapier, Linolschneidewerkzeug, Linoldruckfarbe, Walze, Glasplatte, Papier

Vorsicht!

Mit Linol zu arbeiten lässt viel experimentellen Freiraum. Mit den Linolwerkzeugen ritzen die Kinder in die Linolplatte motivische oder abstrakte Muster ein.

Achten Sie darauf, dass immer vom Körper weg geschnitten wird, da sonst die Verletzungsgefahr sehr groß ist. Ist die Platte bearbeitet, wird die Linolfarbe auf eine Glasplatte aufgetragen und mit einer Walze ausgewalzt, bis sie „schmatzt". Dabei nimmt die Rolle Farbe auf, die die Kinder auf die Druckplatte durch Rollen übertragen. Auf den eingefärbten Druckstock wird nun Papier gelegt. Damit der Druckstock Farbe auf dem Papier hinterlässt, benötigt man Druck.

Da meist keine Druckerpresse vorhanden ist, müssen Sie mit Körperdruck arbeiten. Dabei kann Ihnen ein Nudelholz helfen, das den Druck besser verteilt. Der Abdruck erscheint spiegelverkehrt.

Varianten:
ab 6 Jahre

- Statt der schwer zu bearbeitenden Linolplatten können Sie auch Material auswählen, das durch seine Struktur erhabene und vertiefte Flächen aufweist: z.B. Kork, Wellpappe, Blätter usw.

ab 7 Jahre

- Sie können auch Kartoffeln benutzen. Sie lassen sich sehr leicht mit einem kleinen Messer, einem Nagel oder einer Nadel bearbeiten. Damit sparen Sie den Kauf von speziellem Linolschneidegerät.
- Linoldruckfarben sind in vielen unterschiedlichen Farben erhältlich. Beim Übereinanderdrucken sollten Sie darauf achten, dass man zuerst die hellen und dann die dunklen Farben druckt.
- Sie können auch direkt auf farbiges Papier drucken.
- Abstrakte Druckplatten können Sie übereinander drucken und durch mehrmaliges Drehen oder Versetzen des Druckstockes einen besonderen Effekt erzielen.

Künstler und Epoche: Die Renaissance brachte die Drucktechnik hervor. Dürer lebte in dieser Epoche. Sein Werk ist von der Entdeckung der Drucktechnik geprägt. Auch der Expressionismus hat sich um den Linolschnitt verdient gemacht.
Bildbetrachtung: Das druckgrafische Werk der Malervereinigung „Die Brücke" (Ernst Ludwig Kirchner, Erich Heckel, Karl Schmidt-Rotluff, Max Pechstein, Otto Müller) eignet sich zur Betrachtung.
Hinweise zur Bildbesprechung finden Sie ab S. 170.

Tetrapackdruck

ab 6 Jahre

EXPERIMENTIERFREUDE, TECHNIK, FANTASIE UND KREATIVITÄT,
MOTORIK, WAHRNEHMUNG, GESTALTUNG

Material:

leere Milchtüte, Kugelschreiber, Linoldruckwalze, Teigrolle, Tempera- oder Linolfarbe, Schere

Wiederverwertung spielt in der Kunst eine große Rolle. Auch mit diesem einfachen Abfall-
material (leere Milchtüten) lässt sich spielend leicht eine Hochdruckplatte herstellen. Dazu
schneiden die Kinder die Milchtüte auf und säubern die Innenseite. Dann schneiden sie sie zu
einer Platte zu. Anschließend bearbeiten sie die Innenseite, indem sie mit Hilfe eines Kugel-
schreibers ein Muster fest in das Material einzeichnen. Ist das Motiv in die Tetrapacktüte
eingedrückt, können die Kinder zu drucken beginnen.
Sie verwenden dazu das gleiche Druckverfahren, das unter Linolschnitt beschrieben ist.

Kartondruck

ab 6 Jahre

EXPERIMENTIERFREUDE, TECHNIK, FANTASIE
UND KREATIVITÄT, MOTORIK, WAHRNEHMUNG, GESTALTUNG

Material:

feste Kartonreste, Klebstoff, Schere, Linolfarbe oder Temperafarbe, Walze, Papier

Mit vielen alternativen Techniken kann man Hochdruckdruckstöcke ohne größeren Aufwand
erarbeiten, z.B. kann man mit Kartonresten einen Druckstock erstellen. Dabei kleben die
Kinder ein Muster aus zugeschnittenen Kartonformen auf ein Stück Karton. So entstehen erhabene und vertiefte Flächen. Dieser Effekt kann durch unterschiedliche Kartonqualitäten wie
z.B. Wellpappe verstärkt werden. Haben die Kinder ihren Druckstock fertiggestellt,
so folgen nun die gleichen Druckschritte wie beim Linoldruck.
Achtung: Der Druck erscheint spiegelverkehrt.

Variante:

- Die Kinder kleben auf einen Karton ein Muster aus Papiermaterialien
  mit verschiedenen Reliefs wie z.B. Tortenspitze. Dadurch erhält der
  Druckstock noch mehr Struktur.

Styropordruck ab 6 Jahre

EXPERIMENTIERFREUDE, TECHNIK, FANTASIE
UND KREATIVITÄT, MOTORIK, WAHRNEHMUNG, GESTALTUNG

Material:

Styroporplatten, flüssiger Klebstoff mit Lösungsmittel, Nagel oder Nadel, Walze, Linolfarbe, Papier, Glasplatte

Styropor ist ein weiches Material, das sich von Kindern ganz einfach bearbeiten lässt. Bei der Druckstockherstellung dürfen die Kinder mit dem flüssigen Klebstoff auf die Styroporplatte malen. Der Klebstoff frisst die gemalten Linien in das Styropor hinein. Es entstehen erhabene Flächen und vertiefte Linien. Die Vertiefungen können auch entstehen, wenn die Kinder mit Nägeln oder Nadeln in das Styropor einritzen. Ist der Druckstock fertig, folgen die gleichen Druckschritte wie beim Linoldruck. Auch hier erscheint der Druck spiegelverkehrt.

Selbst bedrucktes Geschenkpapier ab 6 Jahre

EXPERIMENTIERFREUDE, TECHNIK, FANTASIE
UND KREATIVITÄT, MOTORIK, WAHRNEHMUNG, GESTALTUNG

Material:

Packpapier, Temperafarben, Pinsel, Moosgummi, Holzklötzchen, Schere, Klebstoff

Moosgummi ist bei Kindern ein sehr beliebtes Material. Ähnlich wie beim Kartondruck können sie aus Moosgummi und den Holzklötzchen einen sehr einfachen und schnell zu gestaltenden Druckstock erstellen. Dafür schneiden sie aus dem Moosgummi unterschiedliche Figuren zu. Diese kleben sie auf die Holzklötzchen auf, die nun als Druckstock dienen. Die Kinder bemalen ihren Druckstock mit Temperafarbe und drücken diesen anschließend fest auf das Packpapier. Der serienmäßigen Gestaltung des Geschenkpapiers steht nun nichts mehr im Wege.
Achtung: Der Druck erscheint immer spiegelverkehrt.

Schuhsohlendruck

ab 6 Jahre

EXPERIMENTIERFREUDE, TECHNIK, FANTASIE
UND KREATIVITÄT, MOTORIK, WAHRNEHMUNG, GESTALTUNG

Material:

Temperafarbe, Pinsel, Tapetenrolle, Lappen, alte Schuhe

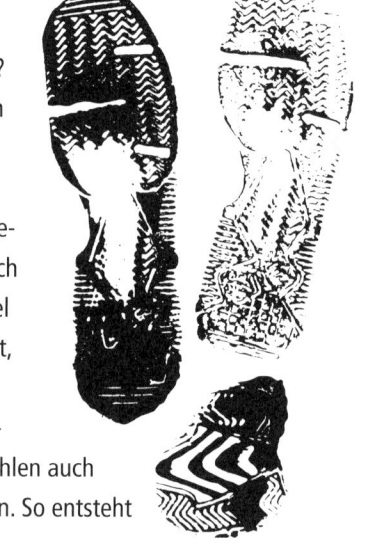

Schon einmal mit den Schuhsohlen gemalt oder gedruckt?
Dieses Hochdruckverfahren ist sehr einfach durchzuführen
und erzielt beeindruckende Effekte. Gehen Sie mit den
Kindern nach draußen. Die Kinder bilden Zweiergruppen.
Jede Gruppe erhält einen großen Bogen Tapete, verschiedene Farben und pro Farbe einen Pinsel. Die Kinder sollen sich
dabei helfen, sich gegenseitig mit Temperafarbe und Pinsel
die Schuhsohlen zu bemalen. Sind die Schuhsohlen bemalt,
laufen die Kinder über die Tapetenrolle und hinterlassen
dort ihre Spuren. Die Kinder sollen nacheinander verschiedene Farben ausprobieren. Dabei können sie ihre Schuhsohlen auch
mit mehreren Farben an unterschiedlichen Stellen bemalen. So entsteht
anschließend ein Mehrfarbdruck.

Rollender Druckstock

ab 6 Jahre

EXPERIMENTIERFREUDE, TECHNIK, FANTASIE
UND KREATIVITÄT, MOTORIK, WAHRNEHMUNG, GESTALTUNG

Material:

Plastikflasche (oder Klopapierrolle, leere Küchenrolle), Seil oder Wolle, Glasplatte, Walze, Papier

Auch aus Flaschen können die Kinder einfache Druckstöcke gestalten. Dabei umwickeln die
Kinder die Flaschen so mit dem Seil, dass ein wildes Muster entsteht. Anschließend verknoten
sie das Seil und tragen Farbe auf die Glasplatte auf. Mit der Walze verteilen sie die Farbe gut
über die Glasfläche. Die Kinder rollen die Flasche mit leichtem Druck über die Glasplatte, damit
sich die Fäden mit Farbe füllen. Anschließend rollen sie die Flasche über das Papier. Die sich auf
der Flasche befindenden Fäden hinterlassen ihre Spuren auf dem Papier.

Varianten:

- Die Kinder können auch statt der Fäden ausgeschnittene Formen aus Pappe oder Moosgummi auf den Druckstock aufkleben. So entsteht ein Muster von sich wiederholenden Farben.

- Mit dem rollenden Druckstock lässt sich sehr gut
Geschenkpapier gestalten.
Dazu sollten Sie Makulatur-
papier oder Packpapier
verwenden.

Drucken mit Hand und Fuß ab 6 Jahre

EXPERIMENTIERFREUDE, TECHNIK, FANTASIE
UND KREATIVITÄT, MOTORIK, WAHRNEHMUNG, GESTALTUNG

Material:

Temperafarbe, Pinsel, Handtücher, Seife, Tapete
oder Packpapier

Einer der einfachsten Druckstöcke ist der eigene
Körper. Werden Finger, Hände, Füße oder der
gesamte Körper mit Farbe bemalt und auf eine
Malunterlage (Packpapier) gedrückt, hinterlassen
sie dort ihre Spuren. So kann man die Kinder z.B.
ihre Hand erforschen lassen, indem sie ausprobieren, welche Abdrücke Finger, Teile der Handfläche,
Handrücken usw. auf dem Papier hinterlassen.
Spannend ist es auch auszuprobieren, wie oft man
eine Hand mit einem Farbauftrag abdrucken kann,
da der Abdruck immer schwächer wird.

Der Tiefdruck

Im Gegensatz zum Hochdruck werden beim Tiefdruck nur die Vertiefungen gedruckt. Dazu werden in eine Stahlplatte mit Hilfe eines Stichels Linien eingeritzt. Man spricht hier von einer Radierplatte. Um diese Linien noch tiefer in den Stahl zu graben, legt man anschließend die Platte in ein chemisches Säurebad. Sind die Linien tief genug eingebrannt, nimmt man die Platte aus dem Bad heraus. Nun kann die Platte mit Druckerschwärze eingefärbt werden. Ist dies geschehen, wird die Platte vorsichtig in der Form von der Druckerschwärze gereinigt, sodass die Farbe nur noch in den eingeritzten Linien hängen bleibt. Nun wird die Platte auf bereits angefeuchtetes Papier gelegt. Die Nässe des Papiers entzieht unter dem Druck der Presse der Platte die Farbe und es erscheint die fertige Radierung. Auch hier muss darauf geachtet werden, dass das Ergebnis spiegelverkehrt erscheint.
Im Folgenden finden Sie eine alternative Möglichkeit um mit dem Tiefdruck zu arbeiten.

Plexiglas oder Foliendruck

EXPERIMENTIERFREUDE, TECHNIK, FANTASIE
UND KREATIVITÄT, MOTORIK, WAHRNEHMUNG, GESTALTUNG

Material:

Overheadfolie, eine dicke Nadel mit Spitze, Papier, Linoldruckfarbe, Wasser, Papier, Küchenrolle

Diese Technik ist eine ganz leicht umsetzbare Alternative zur komplizierten Radierung (Tiefdruck). Die Kinder ritzen in die Folie mit Hilfe der Nadel ein Muster ein. Dabei müssen sie die Nadel mit großem Druck über die Folie führen. So entstehen auf der Folie Gravurrillen. Ist der Druckstock fertig, schwärzen die Kinder die ganze Folie mit Farbe ein. Dies können sie am besten mit den Fingern tun, weil man so die Farben besser in die Rillen einreiben kann. Nun muss die überschüssige Farbe, die nicht in die Rillen eingerieben wurde, vorsichtig mit Papier abgewischt werden. So verbleibt die Farbe letztlich nur noch in den Gravurrillen.
Die Kinder tauchen zuvor saugfähiges Papier in Wasser ein und lassen es abtropfen. Dann legen sie den Druckstock auf das noch feuchte Papier. Dieses saugt die Druckerschwärze aus den Rillen, während die Kinder mit etwas Druck mit einem Lappen über das Papier reiben.
Achtung: Der Druck erscheint spiegelverkehrt.

140 **Aber ich kann
nicht doch gar
malen**

Variante:

- Plexiglas ist stabiler als Folie und eignet sich auch zur Herstellung eines Tiefdrucks. Voraussetzung zur Bearbeitung der Plexiglasplatte ist jedoch ein spezielles Werkzeug – ein so genannter Stichel (dickere Nadel in Holz gefasst oder aus Stahl)

> **Epoche und Künstler:** Die Renaissance brachte die Drucktechnik hervor. Dürer lebte in dieser Epoche und sein Werk ist von der Entdeckung der Drucktechnik geprägt.

Flachdruck

Unter dem Flachdruck versteht man ein Druckverfahren, das den Stein-, Metall- und Siebdruck beinhaltet und ebenso wie das Hoch- und Tiefdruckverfahren zu den Vervielfältigungstechniken gehört. Es handelt sich dabei um eine Technik, die sich die gesamte Fläche des Druckstockes zu Nutze macht. Im Folgenden finden Sie einige Techniken, die den Kindern annähernd den Vorgang und die Gestaltungsmöglichkeiten eines Flachdruckverfahrens näher bringen. Dazu eignet sich die Technik der Monotypie sehr gut. Unter einer Monotypie versteht man einen Einmaldruck. Er eignet sich also nicht zur Vervielfältigung, jedoch eignet er sich auf Grund seines Variantenreichtums zum spielerisch-experimentellen Umgang mit einem Flachdruckverfahren.

Einmaldruck   ab 6 Jahre

EXPERIMENTIERFREUDE, TECHNIK, FANTASIE
UND KREATIVITÄT, MOTORIK, WAHRNEHMUNG, GESTALTUNG

Material:

Glasplatte, Linoldruckfarbe, Walze, Zeichenpapier, Bleistift

Den Einmaldruck nennt man auch Monotypie. Ein komplizierter Begriff für eine einfache experimentelle Technik. Dazu tragen die Kinder die Linoldruckfarbe auf die Glasplatte auf. Es genügt ein kleiner Klecks Farbe, den sie mit der Walze auf der Glasplatte verteilen.

Anschließend legen sie das Zeichenpapier auf die mit Farbe versehene Glasplatte. Mit einem Bleistift malen sie nun ein Motiv auf das auf der Glasplatte liegende Papier auf. Ist die Zeichnung fertig, wird das Zeichenpapier von der Glasplatte abgezogen. Die Monotypie erscheint spiegelverkehrt.

Varianten:

- Statt der Linoldruckfarbe können Sie auch Temperafarbe benutzen, die mit der Walze direkt auf einen alten Tisch aufgetragen wird.
- Die Kinder färben die Glasplatte mit verschiedenen Farben nebeneinander ein. So entsteht eine mehrfarbige Monotypie.
- Eine mehrfarbige Monotypie entsteht auch, wenn die Kinder auf farbiges Papier drucken.

Einmaldruck (Monotypie) mit zusätzlichem Druckstock
ab 6 Jahre

EXPERIMENTIERFREUDE, TECHNIK, FANTASIE
UND KREATIVITÄT, MOTORIK, WAHRNEHMUNG, GESTALTUNG

Material:

Glasplatte, Linoldruckfarbe, Walze, Zeichenpapier, Druckstock z.B. Wellpappe, Noppenfolie, Stoff, Blätter, Federn, Wolle (auf Pappe aufgeklebt).

Die Kinder bereiten einen Druckstock aus unterschiedlichen Materialien vor. Anschließend tragen sie die Linoldruckfarbe auf die Glasplatte auf. Es genügt ein kleiner Klecks Farbe, den die Kinder mit der Walze auf der Glasplatte verteilen. Anschließend drücken sie den vorbereiteten Druckstock auf die eingefärbte Glasplatte. Dabei entfernt der Druckstock an den Stellen, an denen er aufliegt, die Farbe. Nun legen die Kinder das Zeichenpapier auf die Glasplatte und drücken es fest an. Wenn sie anschließend das Papier von der Glasplatte wieder abziehen, erscheinen die Spuren, die der Druckstock auf der Glasplatte hinterlassen hat, spiegelverkehrt als Lücke in der Farbe des Papiers.

Varianten:

- Statt eines zusätzlichen Druckstockes können die Kinder auch ihre Finger benutzen um Spuren auf der Glasplatte zu hinterlassen. Die Abdrücke erscheinen später als unbedruckte Fläche auf dem Papier.

- Statt des zusätzlichen Druckstockes malen die Kinder mit einem Bleistift oder einem kleinen Ast ein Motiv auf die Glasplatte.
- Statt des zusätzlichen Druckstockes können die Kinder aus Papier ausgeschnittene oder ausgerissene Motive auf die Glasplatte auflegen. Mit diesen Formen können sie einen zweiten Druckvorgang anschließen. Sie können die Formen nach dem Druckvorgang vorsichtig von der Glasplatte entfernen und mit der eingefärbten Fläche erneut auf ein Blatt Papier drücken.

Doppelter Walzendruck   ab 6 Jahre

EXPERIMENTIERFREUDE, TECHNIK, FANTASIE
UND KREATIVITÄT, MOTORIK, WAHRNEHMUNG, GESTALTUNG

Material:

Walze, Glasplatte, Linoldruckfarbe, Papier, verschiedene Materialien, über die man mit der Rolle rollen kann (Spitzen, Schnur, Blätter, Federn usw.)

Beim doppelten Walzendruck verdoppelt sich nicht der Schwierigkeitsgrad, sondern der Effekt, den man durch das Drucken erreichen kann. Die Kinder legen die Materialien auf dem Zeichenblatt aus. Sie tragen einen kleinen Klecks Linoldruckfarbe auf die Glasplatte auf und verteilen ihn gleichmäßig mit einer Walze auf der Glasplatte. Dadurch nimmt die Walze Farbe auf. Mit dieser rollen die Kinder nun über das bereits vorbereitete Zeichenpapier mit den Gegenständen. So entsteht der erste Druck. Die Materialien, die auf dem Zeichenblatt lagen, kleben dadurch anschließend an der Rolle. Die Kinder müssen sie nun vorsichtig entfernen. Ist dies geschehen, rollen sie die Walze über ein zweites Blatt Papier und es entsteht der zweite Druck.

Stempelkissen Monotypie   ab 6 Jahre

EXPERIMENTIERFREUDE, TECHNIK, FANTASIE UND KREATIVITÄT, MOTORIK,
WAHRNEHMUNG, GESTALTUNG

Material:

Stempelkissen, Papier, Kugelschreiber

Auch hier handelt es sich um ein ganz einfaches Verfahren. Die Kinder legen das Papier auf das Stempelkissen. Jetzt zeichnen sie mit einem Kugelschreiber auf das Papier. Ziehen sie das Papier vom Stempelkissen ab, so erscheint der Druck spiegelverkehrt.

Abklatschverfahren

ab 6 Jahre

EXPERIMENTIERFREUDE, TECHNIK, FANTASIE
UND KREATIVITÄT, MOTORIK, WAHRNEHMUNG, GESTALTUNG

Material:

Papier, Temperafarbe, Pinsel, Wasser, Gefäß

Das Abklatschverfahren wird auch Decalcomanie-Verfahren genannt. Dabei handelt es sich um eine ganz einfache Technik. Dazu knicken die Kinder das Papier in der Mitte. In eine Hälfte tragen sie die Farbe schnell und großzügig auf. In einem zweiten Schritt falten sie das Blatt zusammen. Dabei streichen sie mit dem Handballen über das Papier um die Farbe zwischen den Seiten zu verteilen. Öffnen sie das Papier wieder, hat sich die eine Seite auf die andere übertragen und es erscheint ein fantasievolles Motiv. Die Kinder können jetzt ihren Druck weiter ausgestalten.

> **Künstler und Epoche:** In Bildern des Surrealisten Max Ernst kommt diese Technik sehr häufig vor.
> **Bildbetrachtung:** z.B. „Die Erde von der Erde aus gesehen" 1925, 19,2 x 16,2 cm; Housten Mini Collection
> Hinweise zur Bildbesprechung finden Sie ab S. 170.

Malen heißt: Materialien und Techniken kennen

Aktivitäten
rund um Techniken und Rezepte

Farben begleiten uns tagaus und tagein. Sie machen unsere Welt bunt. Gäbe es sie nicht, so sähe unser Alltag grau in grau aus. Malen ohne Farben zu benutzen ist nicht vorstellbar.

Farben gibt es als unterschiedliches Farbmaterial, das jeweils auch mit unterschiedlichen Maltechniken verbunden ist. Dem Farbmaterial liegen jedoch meist die gleichen Farbpigmente zu Grunde. Lediglich das Bindemittel variiert. So lassen sich Farben auch sehr gut selbst herstellen.

Malen mit verschiedenen Techniken und Farbmaterialien lässt Kindern viel Freiraum um Neues zu entdecken. Das Ausprobieren der Techniken, das Erforschen und Entdecken der Materialien sind die Wurzeln für Spaß am kreativen Tun. Deshalb sollten Sie Technik- und Materialkenntnisse bei den Kindern vertiefen.

Malen mit Fingerfarbe oder Kleisterfarbe

Eine der einfachsten Formen mit Kindern zu malen ist das Gestalten mit Fingerfarben. Fingerfarbe können Sie sehr vielseitig einsetzen. Sie können mit ihr auf Glas, Pappe, Tapete etc. malen. Malen mit Fingerfarben stellt ein haptisches Erlebnis für Kinder dar, wenn ihre Finger durch die weiche und klitschige Farbe gleiten und in den Farben Spuren hinterlassen. Nicht jedes Kind mag dieses Gefühl. Dennoch ist das Malen mit Fingerfarben sehr geeignet um Kinder zu entkrampfen. Dies gilt insbesondere in Verbindung mit Musik.

Rezept: Fingerfarben ab 6 Jahre

EXPERIMENTIERFREUDE

Material:

1 halbe Tasse fein gehackte Seifenflocken, 1 Tasse Maisstärke, 6 Tassen Wasser, ein großer alter Topf, Farbpigmente, Marmeladengläser

Fingerfarben können Sie sehr leicht selbst herstellen. Schütten Sie dazu Seifenflocken, Wasser und Stärke in der Schüssel zusammen. Bringen Sie die Mischung bei mittlerer Hitze unter ständigem Rühren zum Kochen. Nehmen Sie den Topf vom Herd. Wenn die Masse eingedickt ist, verteilen Sie sie auf verschiedene Behälter. Nun wird jeweils eine Farbe in je einen Behälter geschüttet und gut mit der Masse vermischt. Die Farben müssen abkühlen. Sie können sie in verschlossenen Behältern für einige Zeit aufbewahren oder direkt einsetzen.

Maisstücke

Wasser

Seifen-flocken

Rezept: Kleisterfarben

ab 6 Jahre

Material:

Tapetenkleister und Farbpigmente

Kleisterfarbe ist eine gute Alternative zu Fingerfarben. Das Herstellen von Kleisterfarbe ist sehr einfach. Vermischen Sie Farbpigmente mit etwas Wasser zu einem dicken Brei. Um Kleisterfarbe zu erhalten geben Sie dann nur noch etwas Tapetenkleister hinzu.

Einfache Vorschläge zum Malen mit Fingerfarben oder Kleisterfarben

ab 6 Jahre

EXPERIMENTIERFREUDE, GESTALTUNG, TECHNIK, FANTASIE UND KREATIVITÄT, WAHRNEHMUNG

- Große Papierbögen, Tapetenrollen oder Fenster in Verbindung mit Fingerfarben verleiten Kinder unbewusst zu großflächigem Malen.

- Dazu können Sie sowohl die Tapetenrolle auf dem Boden auslegen als auch mit Klebeband an der Wand befestigen.

- Befestigt man mehrere Tapetenbahnen nebeneinander, so können die Kinder gemeinsam ein großes Wandbild erstellen.

- Es macht auch sehr viel Spaß, im Sommer unter freiem Himmel in der Badehose oder im Badeanzug zu malen.

- Mit Fingerfarbe kann man auch sehr gut auf dem Körper malen, um anschließend Hand- und Fußabdrücke auf einem großen Bogen Papier zu hinterlassen.

Das Malen mit Wachsmalkreide

Mit Wachsmalfarben zu malen ist sehr einfach. Sie sind handlich und weich, dennoch brechen sie nicht leicht. Sie können eine breite Gestaltungsspur hinterlassen und somit schnell große Flächen abdecken. Kinder können auf Grund ihrer unterschiedlichen Eigenschaften verschiedene experimentelle Gestaltungsmöglichkeiten ausprobieren. Wachsmalstifte lösen sich in Terpentin auf, weisen Wasser ab und schmelzen bei Hitze. Die Kinder können mit ihnen nicht nur malen, sondern auch wischen, radieren, batiken und schaben. Darüber hinaus wecken Wachsmalstifte durch ihre Eigenschaften bei Kindern Interesse an chemischen und physikalischen Vorgängen.

Rezept: Wachsmalkreiden

Material:

Farbpigmente, ein paar alte Kerzenstummel, ein alter Topf, eine alte Muffin-Backform

Wachsmalkreiden können Sie ganz einfach selbst herstellen. Erhitzen Sie dazu gesammelte Kerzenstummel in einem alten Topf. Ist das Wachs flüssig, fügen Sie etwa genauso viel Farbpigmente hinzu, wie sich Wachs im Topf befindet. Verrühren Sie die heiße Masse gut und gießen Sie sie anschließend in die Muffin-Backform. Nun muss die Masse abkühlen. Ist die Wachsmalkreide vollkommen abgekühlt, können Sie sie zum Malen verwenden.

Resteverwertung

Material:

Wachsmalreste, Backförmchen, mehrere alte Töpfe oder Dosen

Sortieren Sie Wachsmalstiftstummel nach Farben. Ordnen Sie jede Farbe einem bestimmten Topf zu. Bringen Sie die Wachsmalstiftstummel in den Töpfen durch Erhitzen zum Schmelzen und gießen Sie sie anschließend in die Backförmchen. Nun muss die erhitzte Masse erkalten. Anschließend können Sie sie wieder zum Malen benutzen.

Wachs-Kratzbilder

ab 6 Jahre

EXPERIMENTIERFREUDE, MOTORIK, TECHNIK, FANTASIE
UND KREATIVITÄT, GESTALTUNG, WAHRNEHMUNG

Material:

bunte Wachsmalstifte, Kratzwerkzeuge wie Nagel, Messer, Nadel usw.

Kratzbilder sind kinderleicht! Zuerst malen die Kinder ein
buntes Wachsmalbild. Dabei sollen sie darauf achten, dass
die gesamte Fläche mit Farbe bedeckt ist. Ist ein schöner
Farb-Teppich entstanden, übermalen sie die ganze Fläche
mit schwarzer Wachsmalkreide, sodass keine bunte Fläche
mehr zu sehen ist. Mit Kratzwerkzeugen ritzen die Kinder
ein Bild in die schwarze Fläche. Dabei kommen die vorher
bunt angelegten Flächen wieder zum Vorschein.

Themenvorschläge:

Sterne in der Nacht, eine Stadt bei Nacht, ein Zauberwald, eine orientalische Stadt, eine
Traumlandschaft, Schmetterlinge, Heißluftballons

Malen mit flüssiger Wachsmalkreide ab 6 Jahre

EXPERIMENTIERFREUDE, MOTORIK, TECHNIK, FANTASIE
UND KREATIVITÄT, GESTALTUNG, WAHRNEHMUNG

Material:

Wachsmalreste, alte Dosen oder Töpfe, alte Pinsel und Papier, Kochplatte

Vorsicht!

Sortieren Sie die Wachsmalreste nach Farben in die Dosen. Bringen Sie in den Dosen die Reste
zum Schmelzen. Sobald die Farben flüssig sind, können die Kinder den Pinsel in die heiße
Wachsmalfarbe tauchen und damit ein Bild malen. Wird die Farbe starr, so kann sie jederzeit
erneut erhitzt werden. Starre Pinsel werden wieder geschmeidig, sobald sie in die heiße
Masse eingetaucht werden.

Wachsbrösel malen wie von selbst   ab 6 Jahre

EXPERIMENTIERFREUDE, MOTORIK, TECHNIK, FANTASIE
UND KREATIVITÄT, GESTALTUNG, WAHRNEHMUNG

Material:

Wachsmalfarben, Messer oder Reibe, Zeichenpapier

Zerbröseln Sie verschiedenfarbige Wachsmalfarben mit der Reibe über dem Zeichenpapier.
Sind genügend Wachsbrösel auf dem Papier, so werden diese auf dem Malgrund kreisend mit
der Handfläche zerrieben.
Es entstehen wunderschöne Bilder in zarten Pastellfarben.

Geheime Wachsbilder   ab 6 Jahre

EXPERIMENTIERFREUDE, MOTORIK, TECHNIK, FANTASIE
UND KREATIVITÄT, GESTALTUNG, WAHRNEHMUNG

Material:

weiße Kerzenstummel, Wasserfarben, Pinsel, Becher, weißes Papier

Kinder lieben Geheimnisse und damit Geheimsprachen,
-schriften und -zeichen. Mit Kerzen können Kinder eine ganz
einfache Form von Geheimschrift kennen lernen. Dazu malen
sie mit Kerzenstummeln Ornamente, Motive, Schriften usw.
auf das Papier. Anschließend wird das Papier mit Wasserfarben
übermalt. Da das Wachs das Wasser abweist, perlt die Wasserfarbe von den vorher bemalten Stellen ab. Dort, wo sich kein
Wachs befindet, bleibt die Wasserfarbe haften. So wird das
Motiv sichtbar, das die Kinder zuvor auf ihr Papier gemalt haben.

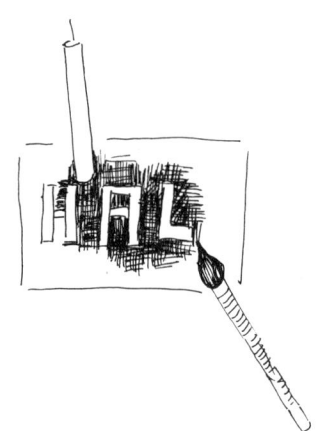

Varianten:

- Statt der Kerzenstummel kann auch bunte Wachsmalkreide verwendet werden.
- Man kann auch mit Klebstoff malen. Er zeigt in getrockneter Form die gleiche
  Wasserfarbe abweisende Wirkung.

Mit Kerzen zaubern

ab 6 Jahre

EXPERIMENTIERFREUDE, MOTORIK, TECHNIK, FANTASIE
UND KREATIVITÄT, GESTALTUNG, WAHRNEHMUNG

Material:

Zeichenpapier, weiße Kerze, Temperafarbe, Wasserbecken, Pinsel

Vorsicht!

Hierbei handelt es sich im wahrsten Sinne des Wortes um ein zauberhaftes Bild. Die Kin-

der bemalen das Papier deckend mit der Temperafarbe. Nachdem die farbige Fläche getrocknet ist, wird sie mit der Kerze bemalt. Anschließend wird die Farbe unter fließendem Wasser wieder abgewaschen. Sim Salabim!!! Wie durch einen Zauber wird durch das Abwaschen die Kerzenzeichnung sichtbar. Denn dort, wo das Wachs die Malfläche versiegelt hat, perlt das Wasser ab und es bleibt die Farbe.

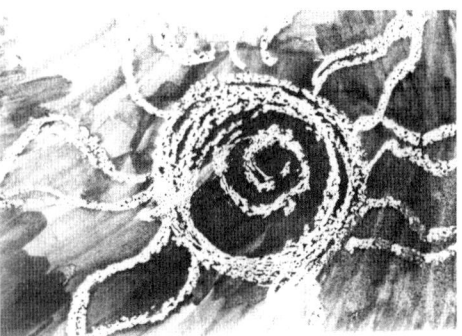

Mit einer brennenden Kerze malen

ab 7 Jahre

EXPERIMENTIERFREUDE, MOTORIK, TECHNIK, FANTASIE
UND KREATIVITÄT, GESTALTUNG, WAHRNEHMUNG

Material:

weiße Kerze, Streichholz, Papier, Becher, Pinsel, Wasserfarbe, Bügeleisen, Zeitungen

Vorsicht!

Stellen Sie sich vor, wie beeindruckt Kinder sind, wenn Sie behaupten, sie könnten mit einer brennenden Kerze malen. Den Beweis brauchen Sie nicht schuldig zu bleiben, denn eine brennende Kerze kann malen, indem sie Wachstropfen auf dem Papier hinterlässt.
Anschließend färben Sie das Papier mit Wasserfarbe ein, die Wachstropfen weisen dabei die Wasserfarbe ab.

Variante:

- Eine interessante und bunte Variante entsteht, wenn die Kinder mehrere Farbschichten übereinander auftragen und vor jedem Farbauftrag erneut die vorherige Farbfläche mit Wachs betropfen. Dabei müssen sie darauf achten, dass sie die Farben von hell nach dunkel übereinander auftragen. Sind alle Farbschichten getrocknet, können sie saugfähiges Papier (Zeitungspapier) über das Bild legen und mit einem erhitzten Bügeleisen über dieses bügeln. Auf diese Weise schmelzen die Wachstropfen und werden von dem Papier aufgesaugt. Halten sie nun ihr gestaltetes Bild gegen das Licht, so erscheinen bunte transparente Punkte, die auf dem Bild zu tanzen scheinen. Das Bild können die Kinder sehr gut zu einer Laterne weiterverarbeiten.

Wachsbilder mit Klebstoff und Schuhkrem

ab 6 Jahre

EXPERIMENTIERFREUDE, MOTORIK, TECHNIK, FANTASIE
UND KREATIVITÄT, GESTALTUNG, WAHRNEHMUNG

Material:

Klebstoff, Wachsmalstifte, Schuhkrem, Lappen

Sie werden es kaum glauben, aber mit Klebstoff und Schuhkrem kann man malen. Dazu malen die Kinder mit dem Klebstoff ein Motiv auf ihr Blatt. Ist das Bild fertig, muss der Kleber für kurze Zeit trocknen. Dann dürfen die Kinder ihr Bild mit Wachsmalstiften bunt anmalen. Anschließend wird auf einen alten Lappen etwas Schuhkrem aufgetragen. Damit sollen die Kinder nun die Farben auf dem Bild verwischen. So entsteht ein pastelliger Gestaltungseffekt.

Wachsfarben wischen und radieren

ab 6 Jahre

EXPERIMENTIERFREUDE, MOTORIK, TECHNIK, FANTASIE
UND KREATIVITÄT, GESTALTUNG, WAHRNEHMUNG

Material:

Papier, Schere, Wachsmalstifte

Die Kinder malen auf Papier verschiedene Formen oder Einzelmotive und malen sie mit Wachsmalstiften am Rand dick aus. Anschließend schneiden sie die eingefärbten Formen aus und legen sie auf einen zweiten Bogen Papier. Die Aufgabe besteht nun darin, das Wachs mit Hilfe der Finger von der Figur oder Form auf den zweiten Bogen Papier zu wischen. Themenvorschläge: Mit abstrakten Formen können die Kinder dabei eine interessante Wirkung erzielen. Aber auch einfache Figuren wie Sterne, Häuser, menschliche Figuren, Bäume, Tiere in verschiedenster Form, Autos usw. lassen eindrucksvolle Bilder entstehen. Sobald sich bei der Gestaltung Formen überschneiden, entsteht eine räumliche Wirkung.

Varianten:

- Statt mit den Fingern lässt sich die Farbe auch sehr gut mit einem Radiergummi abwischen.
- Einfache Formen (Punkt oder Kreis) mit Wachsmalstiften auf ein Zeichenblatt malen. Mit einem Radiergummi die Farbe nach außen ziehen, wodurch Blumen oder Sterne entstehen.

Das Malen mit Dispersions- oder Temperafarbe

Das Malen mit Dispersions- oder Temperafarben ermöglicht Kindern ein großflächiges Malen mit Pinseln. Dispersionsfarben sind in Malerfachgeschäften käuflich zu erwerben. Eine Alternative zu Dispersions- und Temperafarben stellen Kasein- und Eitemperafarben dar; sie sind beide preiswerter in der Herstellung, aber nicht so farbecht und nicht so lange haltbar. Im Folgenden finden Sie Rezepte zu diesen Farben.

Rezept: Kasein- oder Quarkfarben   ab 6 Jahre

Material:

Quark, etwas Kalk, Farbpigmente in unterschiedlichen Farben, Wasser

Quarkfarben lassen sich ohne großen Aufwand schnell selbst herstellen. Für Kinder ist es ein Erlebnis, mit Quark malen zu dürfen. Dafür müssen Quark, Farbpigmente und Wasser vorsichtig so miteinander vermischt werden, dass eine sämige Masse entsteht. Je mehr Farbpigmente untergemischt werden, desto gesättigter und farbintensiver wird die Farbe. Nun noch etwas Kalk darunter mischen und dann kann es mit dem Malen losgehen.

Rezept: Eitemperafarben   ab 5 Jahre

Material:

Eidotter, Farbpigmente in unterschiedlichen Farben, Wasser

Auch aus Eiern lassen sich sehr einfach Temperafarben herstellen. Mischen Sie dazu die Farbpigmente mit etwas Wasser. Es entsteht ein dicker Brei. Mit diesem Farbbrei kann man zwar malen, aber die Farbschicht würde sich nach dem Trocknen vom Papier lösen. Deshalb verwendet man zusätzlich als Bindemittel ein Ei, welches auch durch Kleister ersetzt werden kann. Das Eidotter rührt man nun unter die breiige Masse.

Das Malen mit Tusche

Vielleicht erinnern Sie sich noch an ihre eigene Schulzeit. Sicherlich war diese Zeit von lästigen Tintenklecksen und dem rettenden Tintenkiller geprägt. Vielleicht haben Sie auch in so mancher Unterrichtsstunde geistesabwesend mit Tintenklecksen gespielt, indem Sie aus ihnen Figuren, Formen oder Wesen entwickelt haben. Nutzen Sie diesen Spieltrieb und gestalten Sie mit Kindern Tuschebilder. Im Folgenden finden Sie Rezepte und einige ganz leicht umsetzbare Tipps zu dieser Technik.

Tintenbatik
ab 6 Jahre

GESTALTUNG, FANTASIE UND KREATIVITÄT, WAHRNEHMUNG, TECHNIK

Material:

Tinte, Papier, Pinsel, Tintenkiller

Die Kinder färben das Papier mit einem Pinsel mit Tinte ein. Anschließend malen sie Motive mit einem Tintenkiller in die Tintenfläche.

Themen: Schneemann, Winterlandschaft, Eiskristalle, Geisterstunde

Rezept: Tusche
ab 6 Jahre

Material:

Ruß, Wasser und ein Topf

Sie können Tusche schnell und ganz einfach selbst herstellen. Dazu wird Ruß aus dem Inneren eines Kamins mit etwas Wasser aufgekocht.

Rezept: Beize

ab 6 Jahre

Material:

Beize, Wasser

Beize hat eine ähnliche Wirkung wie Tusche. Sie können sie in Tütchen verpackt in verschiedenen Farben käuflich erwerben. Rühren Sie sie gemäß der Packungsbeschreibung an. In verschraubbaren Gläsern oder in luftdichten Flaschen können Sie sie sehr lange aufbewahren, um mit ihr jederzeit wie mit Tusche malen zu können.

Federkiel

ab 6 Jahre

EXPERIMENTIERFREUDE, TECHNIK, MOTORIK

Material:

Feder eines Vogels, Schere oder Messer, Tusche

Vorsicht!

Kinder können sich ihre Zeichenfeder selbst herstellen. Dazu benötigen sie eine dicke Feder eines Vogels oder unterschiedlich dicke Schilfrohre. Sie spitzen sie mit einem Messer oder einer Schere schräg an.

Pustebilder

ab 6 Jahre

EXPERIMENTIERFREUDE, GESTALTUNG, FANTASIE UND KREATIVITÄT

Material:

Tusche, Tinte oder Beize, Pinsel, Papier, Strohhalm

Die Kinder setzen auf das Papier einen großen Tintenklecks. Mit einem Strohhalm pusten die Kinder die Tinte über das Papier. Es entstehen viele Tintenadern, aus denen sich Motive entwickeln können, wie z.B. ein verzweigter Baum, ein Wurzelwerk usw.

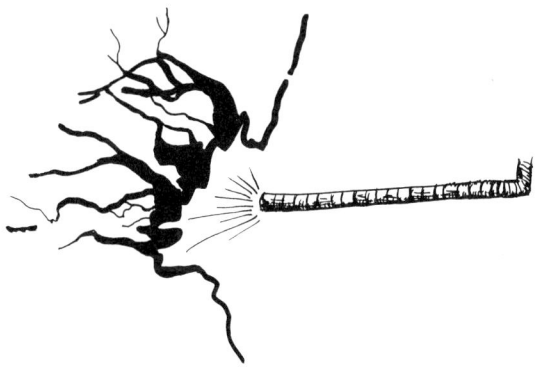

Tuschebilder

ab 6 Jahre

EXPERIMENTIERFREUDE, GESTALTUNG, FANTASIE
UND KREATIVITÄT, WAHRNEHMUNG, TECHNIK

Material:

Tusche, Wasser, Pinsel in unterschiedlicher Dicke oder Federn und Papier

- Mit verschiedenen Federn können die Kinder mit Tusche zeichnen, schreiben und malen. Dazu müssen sie die Feder in die Tusche tauchen und anschließend am Tuscheglas leicht abstreifen.

- Tusche lässt sich auch sehr gut mit Pinseln vermalen. Dazu müssen die Kinder die Tusche mit etwas Wasser verdünnen.

- Besonders interessante Effekte entstehen, wenn sie Tusche auf angefeuchtetes saugfähiges Papier auftragen.

Absprengbilder

ab 6 Jahre

EXPERIMENTIERFREUDE, GESTALTUNG, FANTASIE UND KREATIVITÄT, WAHRNEHMUNG, TECHNIK

Material:

Deckmalfarbe, weißes Papier, Tusche, Pinsel

Wollen Sie gemeinsam mit den Kindern zaubern? Dazu bemalen die Kinder zuerst ein weißes Papier mit weißer Deckmalfarbe. Ist die Bemalung getrocknet, übermalen sie das gesamte Papier mit Tusche. Nun beginnt das eigentliche Zaubern. Sobald die Tusche getrocknet ist, wird das Papier vorsichtig unter einen Wasserstrahl gehalten. Abrakadabra!!! Durch den Wasserstrahl wird die Deckweißfarbe abgewaschen. Die Tusche lässt sich nicht auswaschen. Deshalb wird die vorherige Bemalung wie durch Zauberhand als weiße Zeichnung im Tuschegrund deutlich. Da die dick aufgetragene und getrocknete Deckmalfarbe sehr leicht abbröckelt und absprengt, können die Kinder auch auf den Wasserstrahl verzichten, wenn sie zusätzlich das Absprengen durch Rubbeln oder Bürsten unterstützen.

> **Kunstrichtung:** Chinesische Malerei

Das Malen mit Kreide

Das Malen mit Kreide eignet sich besonders für das zeichnerische Gestalten auf großen Flächen.

Kinder lieben große Flächen, auf denen sie sich gestalterisch ausbreiten können. Bürgersteige und Plätze aus Asphalt bieten einen riesengroßen Malgrund. Die Straße wird somit zur Leinwand. Also warum nicht auch mal auf den Spuren von Straßenkünstlern wandern und den Schulhof als große Malfläche für Kreidebilder nutzen?

Rezept: Malkreide

ab 6 Jahre

Material:

Farbpigmente, eine halbe Tasse Wasser, Gips, Pappbecher oder Jogurtbecher

Malkreiden können Sie einfach selbst herstellen. Vermischen Sie Farbpigmente, Wasser und Gips miteinander, bis eine dickflüssige Mischung entsteht, die Sie in den Pappbecher füllen. Lassen Sie die Masse ungefähr eine Stunde trocknen, bis sie hart ist. Jetzt können Sie den Becher abschälen. Die Kreide ist nun fertig.

Malen mit Kreideresten

ab 6 Jahre

EXPERIMENTIERFREUDE, TECHNIK

Material:

Kreidereste, alte Schüsseln, ein Stein oder ein Mörser, Wasser, Pinsel, Papier, Becher

In Schulen fallen viele Kreidereste an. Statt sie zu entsorgen, sollten Sie sie nach Farben in Schüsseln sammeln und sortieren. Mit einem Stein oder einem Mörser können Sie die Kreidereste zermahlen, bis Kreidepulver entstanden ist.
Nun können die Kinder mit dem Malen beginnen. Dazu tauchen sie den Pinsel in Wasser und anschließend in die Kreide. Der feuchte Pinsel saugt die Kreide auf, dadurch können sie sie auf dem Papier vermalen.

Malen mit Kreide auf nassem Papier ab 6 Jahre

EXPERIMENTIERFREUDE, TECHNIK, WAHRNEHMUNG, GESTALTUNG, FANTASIE UND KREATIVITÄT

Material:

saugfähiges Papier, Schwamm, Wasser, Kreide, Becher

Wenn Sie schon einmal auf einer nassen Tafel mit Kreide geschrieben oder gemalt haben, wissen Sie, wie leicht die Kreide über die Tafel gleitet und wie farbenprächtig das Ergebnis nach dem Trocknen ist.

Feuchten Sie mit einem nassen ausgewrungenen Schwamm das Papier an. Nun können die Kinder sich mit der Kreide auf der feuchten Fläche austoben und die herrlichsten Farbkombinationen zusammenstellen.

Themenvorschläge: Entwurf einer Tapete, Entwurf eines schönen Teppichs, Entwurf für den Stoff eines schönen Kleides, Blumenwiese ...

Variante:

- Statt das Papier anzufeuchten, können die Kinder die Kreide immer wieder anfeuchten, indem sie sie in Wasser tauchen.

Drucken mit einem Kreideschwamm ab 6 Jahre

EXPERIMENTIERFREUDE, TECHNIK, WAHRNEHMUNG, GESTALTUNG, FANTASIE, KREATIVITÄT

Material:

Haushaltsschwamm, Kreide, Papier, Becher, Wasser

Die Kinder feuchten den Schwamm an. Auf den Schwamm malen sie nun motivisch oder unmotivisch mit Kreide. Ist der Schwamm mit einem Motiv oder mit Farbe versehen, wird er zum Druckstock. Mit der bemalten Seite drücken die Kinder den Schwamm nun leicht auf das Papier, damit er auf dem Papier seine farbigen Spuren hinterlässt.

Variante:

Tragen die Kinder auf den nassen Schwamm nur bunte Kreide auf, so lässt er sich als Pinsel benutzen.

Wischbilder

ab 6 Jahre

Ähnlich wie unter „Wachsfarben wischen und radieren" auf S. 153 beschrieben, lassen sich auch mit Holzkohle und Kreide Wischbilder erstellen.

Straßenmalerei

ab 6 Jahre

TECHNIK, WAHRNEHMUNG, GESTALTUNG, FANTASIE UND KREATIVITÄT

Material:

Kreide

Kinder wissen, dass man mit Kreide sehr gut auf Asphalt malen kann.
Auch sind ihnen in Städten vielleicht schon einmal Straßenmaler begegnet.
Warum also nicht auf den Spuren dieser Straßenkünstler wandeln und großflächige Bilder mit Kreide auf den Schulhof malen lassen? Eine gemeinsame Gestaltungsmöglichkeit wäre z.B. ein Riesenmandala.

Zuckerkreide

ab 6 Jahre

EXPERIMENTIERFREUDE, TECHNIK

Material:

Tafelkreidereste, große Jogurtbecher, pro Becher ¼ l Wasser, Zucker

Bei der Zuckerkreide handelt es sich nicht um eine Süßigkeit, sondern um ein leicht herzustellendes Malmaterial. Sortieren Sie Kreidereste nach Farben in die Jogurtbecher und übergießen Sie sie mit je einem ¼ l Wasser. Fügen Sie jedem Jogurtbecher 4 Esslöffel Zucker hinzu. Der Zucker wirkt als Bindemittel zwischen Papier und Farbe und lässt die Farben leuchten. Schüttet man nach einer halben Stunde das Wasser aus, erhält man eine Kreide, die sich sehr dick auftragen lässt.

Tipp:

Sind die Bilder fertig gemalt und getrocknet, müssen sie fixiert werden, damit Kohle und Kreide auf dem Papier haften bleiben. Dazu eignet sich Haarspray besonders gut.

Malen mit Aquarellfarben

Ich hoffe, dass Sie von den anfänglichen Hinweisen zur Aquarellmalerei nicht abgeschreckt werden die Technik auszuprobieren. Dabei geht das Probieren sprichwörtlich über das Studieren. Je nachdem unter welchem Schwerpunkt Sie das Malen mit Aquarellfarben einführen, kann es sich um eine einfache oder um eine komplizierte Technik handeln.

Dabei stehen die Vermittlung von Techniken und der experimentelle Umgang einander gegenüber. Damit Ihnen die Unterschiede bewusst werden und Sie Kindern Misserfolge ersparen, stelle ich im Folgenden beide Vorgehensweisen vor.

Man unterscheidet innerhalb der Aquarellmalerei mehrere Techniken:

1. Die Nass-in-Nass-Technik: Das Aquarellblatt wird mit Hilfe eines Schwammes oder eines dicken Pinsel angefeuchtet. Anschließend wird in diese nasse Fläche Farbe eingesetzt.

2. Die Nass-in-Trocken-Technik: Hierbei wird mit dem nassen Pinsel auf die noch trockene Fläche gemalt.

3. Die Lasur-Technik: Unterschiedliche Farbschichten werden übereinander aufgetragen. Hierbei ist darauf zu achten, dass man mit den hellen Farbtönen beginnt.

4. Die Auswasch-Technik: Die frisch auf das Blatt aufgetragene Farbe soll unter Zugabe von Wasser so verzogen werden, dass sie immer heller wird.

Die unter 1–4 genannten Techniken können Sie auch miteinander kombinieren.

Da Aquarellfarben einen transparenten Charakter haben, sind die Farben nicht deckend, sondern leuchten durch andere Farben hindurch.

Damit dies möglich ist, müssen Sie bei den Techniken 1 bis 3 darauf achten, dass die Farben nur in einer ganz bestimmten Farbreihenfolge übereinander aufgetragen werden, damit ihre Leuchtkraft und ihre Transparenz erhalten bleiben. Diese Farbreihenfolge verläuft von hell nach dunkel.

Farbreihenfolge:

Hell → → → → → → → → → Dunkel

Weiß Gelb Orange Rot Grün Blau Violett Braun

Papier

Aquarelle sollten Sie, damit die Malerei auch zu einem Erfolg führt, stets auf dafür vorgese-
henem Aquarellpapier malen lassen. Es gibt eine große Auswahl an Aquarellpapieren, die sich
durch ihre Struktur und ihre Grammzahl pro qm unterscheiden lassen. Dabei sind Papiere mit
einer niedrigen Grammzahl pro qm (z.B. 95g/qm) weniger wassersaugfähig als Papiere mit
einer hohen Grammzahl (z.B. 300g/qm). Für Anfänger reicht eine mittlere Grammzahl von
200–250g/qm aus. Diese Papierqualität ermöglicht das Arbeiten mit allen Techniken.
Grammzahl und Struktur hängen nicht miteinander zusammen. Feinere Strukturen eignen
sich eher zum Malen von realistischen Darstellungen, gröbere Strukturen zum Malen von
abstrakten Motiven.
Die Papiere sind am Block fest verleimt, damit sie sich nicht bei zu großer Wasserzugabe
einrollen oder wellen. Lassen Sie die Papiere zum leichteren Arbeiten immer auf dem Block.

Pinsel

Der Aquarellpinsel zeichnet sich dadurch aus, dass er sich,
sobald man ihn aus dem Wasser oder vom Blatt nimmt, zu
einer Spitze schließt. Kunsthaar-Aquarellpinsel reichen aus
um ein gutes Ergebnis zu erzielen. Grundsätzlich reicht fürs
Erste ein solcher Pinsel in der Größe 12 aus. Mit ihm lassen
sich sowohl Flächen und dank seiner Spitze auch ganz feine
Linien malen.

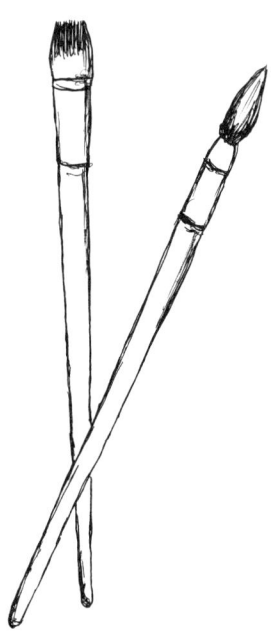

Farben

ab 6 Jahre

TECHNIK, WAHRNEHMUNG

Fürs Erste reichen zwölf Aquarellfarben aus. Für Kinder genügen die drei **Grundfarben**, mit denen sich die Sekundärfarben mischen lassen.

Hier eine empfohlene Farbkarte:

Kadmiumrot hell	Maigrün
Krapplack dunkel	Permanentgrün oliv
Kadmiumgelb hell	Lichter Ocker
Kadmiumorange hell	Siena gebrannt
Indigo	Umbra gebrannt
Kobaltblau dunkel	Paynesgrau bläulich

Malthemen:

Blumenwiese, Blumengarten, Unterwasserlandschaft, Gesicht hinter verregnetem Fenster, ein Maler hat auf dem Boden Farben verschüttet

> **Künstler:** Emil Nolde, Aquarellblumenbilder

Aquarellbuntstifte

ab 6 Jahre

TECHNIK, WAHRNEHMUNG, EXPERIMENTIERFREUDE, WAHRNEHMUNG

Als Alternative zu den Aquarellfarben gibt es Aquarellbuntstifte. Mit ihnen arbeitet man rein zeichnerisch, genau wie mit Buntstiften. Ist das Bild fertig gezeichnet, befeuchtet man das Bild vorsichtig mit einem Pinsel. Das Ergebnis ist ein aquarellähnliches Bild, auf dem die Zeichenspuren noch erkennbar sind. Aquarellbuntstifte eignen sich sehr gut für Kinder, da sich mit ihnen auch sehr gut experimentieren lässt.

Aquarellieren

Aquarellmalen mit Kindern ist eine sehr heikle Angelegenheit, die einiger Tipps, Hinweise und Überlegungen bedarf.

Malen mit Aquarellfarben stellt eine Technik dar, die der Wahrnehmungsfähigkeit von Kindern widerspricht. Aquarellmalerei, rein technisch betrachtet, erfordert eine abstrakte Betrachtungsweise. Feste Konturen müssen aufgegeben werden.
Kinder im Alter zwischen zwei und vierzehn Jahren sind gerade dabei, sich feste Konturen innerhalb einer Bildkomposition zu erarbeiten, indem sie sich systematisch ihre Umwelt visuell und gestalterisch erobern. Dabei spielt das bildnerische Darstellen eine große Rolle. Bildnerisches Gestalten heißt hier abbildungsgetreues Darstellen.

Kinder sind bemüht ihre Umwelt so naturgetreu wie möglich festzuhalten. Dabei spielt das Beherrschen fester Konturen und Linien, die einen Gegenstand als solchen erkennen lassen, eine wichtige Rolle für die kindliche Entwicklung. Deshalb ist das bildnerische Gestalten eines Kindes auch immer Zeugnis eines kognitiven Prozesses im Bereich der Wahrnehmung und des Denkens.
Hierbei spielt die Erarbeitung von Genauigkeit eine wichtige Rolle. Sie ist Ausdruck von geistigem Kombinationsvermögen zwischen Beobachtetem und Erlebtem.
Bis zum Alter von ungefähr vierzehn Jahren bemüht sich ein Kind um den Erwerb von zeichnerischen Fertigkeiten. Ungefähr zu diesem Zeitpunkt wird in den Schulen die Perspektive behandelt, wodurch das Kind die letzte Hürde zum Erwerb gestalterischer Fertigkeiten nehmen kann.
Bisher wurde absichtlich nur von Fähigkeiten und Fertigkeiten gesprochen. Erst jetzt, da diese erworben sind, sollten Sie beginnen malerische Techniken zu vermitteln, wozu auch die Aquarellmalerei gehört. Denn nun ist das zeichnerisch-kognitive Interesse beim Kind befriedigt und es vermag seine Umwelt festzuhalten.
Aus all dem ergibt sich, dass Sie mit jüngeren Kindern auf die rein technische Vermittlung von Aquarellmalerei verzichten sollten.
Dies heißt keineswegs, dass Sie Kinder nicht mit unterschiedlichen Techniken und Malmaterialien konfrontieren sollten. Es bedeutet lediglich, dass in diesem Zusammenhang weniger die Vermittlung von Techniken im Vordergrund stehen sollte als vielmehr die experimentelle Kontaktaufnahme mit einem anderen Malmedium.

Experimentelles Aquarellieren:

Mit Wachsmalstiften   ab 6 Jahre

EXPERIMENTIERFREUDE, KREATIVITÄT UND FANTASIE, WAHRNEHMUNG, MOTORIK

Material:

Aquarellfarben, Aquarellblock A3, Lappen, Wasserglas, Aquarellpinsel, Wachsmalstifte

Mit beiden Händen sollen die Kinder mit Wachsmalstiften große Kreisschwünge auf dem Aquarellpapier ausführen. Es entstehen dadurch zwei sich überschneidende Kreisknäuel. Nun malen sie die Zwischenräume der Kreise mit Aquarellfarben nass in nass aus.

Mit Salz   ab 6 Jahre

EXPERIMENTIERFREUDE, KREATIVITÄT UND FANTASIE, WAHRNEHMUNG

Material:

Aquarellfarben, Aquarellblock A3, Lappen, Wasserglas, Aquarellpinsel, grobes Salz

Die Kinder setzen unterschiedliche Aquarellfarben gemäß der Farbreihenfolge (s.o.) nass in nass nebeneinander. Dies muss sehr schnell geschehen, da sonst die Farbe trocknet. In die noch nasse Farbe werden nun ein paar Körnchen des groben Salzes gestreut.

Mit Seife   ab 6 Jahre

EXPERIMENTIERFREUDE, KREATIVITÄT UND FANTASIE, WAHRNEHMUNG

Material:

Aquarellfarben, Aquarellblock A3, Lappen, Wasserglas, Aquarellpinsel

Die Kinder setzen Aquarellfarben gemäß der Farbreihenfolge nass in nass nebeneinander, sodass sie ineinander verlaufen können. In die noch nasse Farbe wird mit dem Pinsel etwas Seife getupft.

Mit Regen
ab 6 Jahre

EXPERIMENTIERFREUDE, KREATIVITÄT UND FANTASIE, WAHRNEHMUNG

Material:

Aquarellfarben, Wasserglas, Aquarellpinsel, Aquarellblock A3, Lappen, Regentag

Die Kinder tragen die Farben gemäß der Farbreihenfolge auf das Blatt nass in trocken auf. Dabei können sie Regenpfützen nutzen um das Blatt zu befeuchten. Ist das Bild fertig gemalt und getrocknet, lässt man den Regen am Bild weitermalen.

Mit Aquarellbuntstiften und Gras
ab 6 Jahre

EXPERIMENTIERFREUDE, KREATIVITÄT UND FANTASIE, WAHRNEHMUNG

Material:

Aquarellbuntstifte, eine nasse Wiese, Aquarellblock A3

Mit den Aquarellbuntstiften zeichnen die Kinder ein Muster auf das Blatt. Nachdem die Zeichnung fertig ist, gehen sie mit ihrem Bild hinaus und legen es mit der Motivseite auf das nasse Gras. Dabei drücken sie das Bild ganz leicht auf die Wiese und drehen oder verreiben es leicht.

> **Alle experimentellen Techniken sind miteinander kombinierbar.**

Rezept: Aquarellfarben

Material:

Bier, Farbpigmente

Vorsicht!

Aquarellfarben schnell selbst herstellen zu können ist für Kinder ein beeindruckendes Erlebnis. Die Kinder verrühren etwas Bier mit Farbpigmenten und schon kann das Malen losgehen. Achten Sie darauf, dass die Kinder das Bier nicht trinken.

Variante:

Material:

Kirschfruchtgummi, Wasser, Farbpigmente

- Kirschfruchtgummi längere Zeit in etwas Wasser einweichen. Anschließend so viel Wasser hinzufügen, dass ein flüssiges Aquarellmalmittel entsteht. Fügen Sie diesem Malmittel eine geringe Menge Farbpigmente zu.

11 Fragen, die Eltern und Lehrer häufig stellen

Wie können Kinder Kunstwerke kennen lernen?

Bei der Arbeit mit Kunstwerken stellt sich immer die Frage der attraktiven Präsentation. Ideal ist es, Bilder im Original zeigen zu können. Dazu bietet ein Museumsbesuch jede Menge Möglichkeiten. Daneben bieten Museen zahlreiche Angebote wie z.B. Kinderführungen, Museumskurse für Kinder und Kindergruppen, offene Werkstätten, Arbeitsgemeinschaften und Kindergeburtstage im Museum an.

Im Rahmen von Einsparungen allerorts können Exkursionen solcher Art den finanziellen Rahmen sprengen.
Es gibt jedoch Möglichkeiten, mit weniger hohen Kosten Originale in der eigenen Einrichtung zu präsentieren:
Viele lokale Künstler stellen ihre Werke kostenlos in Form einer kleinen Ausstellung oder als Leihgabe zur Verfügung.
So wäre es denkbar, Künstler direkt anzusprechen um sie für den Unterricht zu gewinnen oder um einen Atelierbesuch zu organisieren.

Eine andere Form, Originale auf preiswerte Art und Weise zu präsentieren, bieten so genannte Artotheken an, die sich in größeren Städten befinden. Ähnlich wie in Bibliotheken kann hier auf Zeit ein Bild im Original gegen eine geringe Gebühr entliehen werden.
Aber es müssen ja nicht nur Originale sein.
Drucke und Zeichnungen bieten sich ebenfalls sehr gut zur Besprechung an.

Wie kann ich Kunstwerke kindgerecht präsentieren?

- Sie können im Klassenzimmer Woche für Woche einen anderen **Kunstdruck auf einer Staffelei** in den Mittelpunkt des Betrachtens stellen.
- Sie können Bilder aber auch als **Themenbegleiter** in den unterschiedlichen Fächern regelmäßig nutzen (z.B. religiöse Darstellungen im Religionsunterricht).
- **Verhüllte Bilder** können für Kinder einen großen Anreiz zum Enthüllen sein, wobei das Enthüllen sich über eine ganze Woche erstrecken kann. Hierbei können Sie **Details** in den Mittelpunkt des täglichen Betrachtens rücken.
- **Dekorieren Sie** auf dem Bild vertretene **Gegenstände** auf einem Tisch neben dem Kunstdruck um den unmittelbaren Zugang zum Bild zu steigern.
- Wenn Sie zusätzliche **Sinnesaktivitäten** mit einbeziehen, können sich Bildeindrücke vertiefen (passende Musik, Geräusche, Düfte, Bewegungsaktivitäten usw.)
- Laden Sie einen **Künstler** zum persönlichen **„Kinderinterview"** ein.
- **Besuchen** Sie mit den Kindern **ein Atelier** eines lokalen Künstlers.

Mit welchen Fragen gestalte ich eine interessante Bildbesprechung?

Ein Bild können Sie mit den Kindern im Gespräch unter verschiedenen Fragestellungen bearbeiten:

- Was würde uns die **Person** auf dem Bild **erzählen**, wenn sie reden könnte?
- Was könntest du alles **hören**?
- Was könntest du alles **riechen**?
- Was benötigt die abgebildete Person, wenn sie verreisen wollte? **Packe ihr einen Koffer!**
- Welche **Fragen** würdest du der abgebildeten **Person** stellen wollen?
- Welche **Fragen** würdest du dem **Künstler**, der dieses Bild gemalt, hat stellen wollen?
- Was wäre, wenn du in das Bild **hineinklettern** könntest?
- Welches **Ding** würdest du aus dem Bild **herausnehmen** wollen, wenn du hineingreifen könntest?
- Was wäre, wenn du **in der gleichen Zeit leben** würdest wie die Personen, die auf dem Bild dargestellt sind?

- Stelle dir vor, die **Personen** könnten aus dem Bild **heraussteigen**.
- Stellt die Szene **pantomimisch** dar.
- **Erzähle** eine Geschichte zu dem Bild.
- Sammele Adjektive, Eigenschaften und Wertungen.
- Suche **Gegenstände** zusammen, die sich im Bild befinden.
- **Baue** die Szene oder das Stillleben nach.
- Formuliere Sätze zum Bild und **sammele sie** mit einem Kassettenrekorder.
- Welche **Gefühle** könnte der Maler beim Malen gehabt haben?
- Schreibe zu dem Bild ein kurzes **Gedicht** (z.B. einen Vierzeiler).

Tipp:
Kinder auf die Frage „**Was wäre, wenn …?"** antworten zu lassen bietet immer sehr viel Gesprächsstoff. So können Sie den Kindern helfen sich mit dem Bild vertraut zu machen.

Wie kann ich das bildnerische Darstellen von Kindern fördern?

Soll ich Fehler korrigieren? Soll ich beim Malen helfen? Soll ich Vorzeichnen? Wie kann ich Kinder beim Malen fördern? – Das sind Fragen, die sich Lehrer und Eltern häufig stellen. Dabei ist es ganz einfach. Kinder erobern sich mit allen Sinnen ihre Umwelt. Sie nehmen je nach Entwicklungsstand Dinge wahr, die ihnen wichtig sind.

Die Aufgabe von Ihnen als Erwachsene besteht darin, Kindern die Möglichkeit zur **Wahrnehmung** zu bieten. Das bedeutet Kinder auf Gerüche, Formen, Farben, Oberflächenbeschaffenheiten, Temperaturen, Konsistenzen und das Aussehen von Dingen aufmerksam zu machen. Das bedeutet, **durch Interaktion** zwischen Ihnen und den Kindern **die Sinne zu schärfen**. Ihr Beitrag zur Förderung der Kinder besteht somit nicht im Vorzeichnen und Korrigieren, sondern in der **Förderung von Wahrnehmungsprozessen**.

Entwicklungsstufen kindlichen Gestaltens:

- **0 bis ungefähr 3 Jahre:** Kinder hinterlassen mit Freude Spuren auf dem Papier. Mit Vorliebe gestalten sie Ur-Knäuel und sich kreuzende Formen. Die Kinder besitzen kein Raumgefühl.

- **3 bis ungefähr 4 Jahre:** Kinder entwickeln so genannte Kopffüßler. Das Kind wechselt die Benennungen in seinem Bild. Der Kopffüßler ist mal Hund oder Baum oder Haus. In den Darstellungen zeigt sich ein sehr starker Hang zur Rechtwinkligkeit.

- **4 bis ungefähr 8 Jahre:** Das Kind erobert sich eine differenzierte Darstellungsweise. Das Bild wird in ein Oben und Unten eingeteilt. Meist stellt die untere Blattkante die Aufstellkante für das dar, was dargestellt werden soll. Kinder erobern sich die Darstellung von Mensch, Tier, Haus und Baum. Um Überschneidungen deutlich zu machen entstehen so genannte Röntgenbilder. Das Kind versucht Richtungen darzustellen. Dabei malt es so genannte Mischprofile. Häufig wird nicht die reale Perspektive gewählt, sondern die so genannte Bedeutungsperspektive. Teilweise werden Details ins Bild eingefügt (z.B. Armband oder Tasche). Muster und Lieblingsfarben spielen eine große Rolle.

- **8 bis ungefähr 12 Jahre:** Das Kind versucht realistischer zu gestalten. Deshalb beginnt die perspektivische Darstellung an Bedeutung zu gewinnen. Kinder erobern sich die Profildarstellung.

- **12 bis ungefähr 14 Jahre:** Die Phasen der Kinderzeichnung sind beendet. Nun beginnt das „Erwachsenenzeichnen", das leider meistens durch große Hemmungen und Beurteilungen von Richtig und Falsch geprägt ist.

Wie finde ich kreative und fantasievolle Darstellungsthemen?

Wie findet man fantasievolle und die Kreativität fördernde Malthemen? Kinder malen sehr gern – doch immer wieder stellt sich die Frage: Was soll ich malen lassen um die Fantasie der Kinder anzuregen?

Folgendes Kreativrezept kann die Themensuche erleichtern: Durch überkreuztes Verbinden von Hauptwörtern (s.u.) entsteht eine Vielzahl irrealer Begriffe (z.B. Kükenfee, Augenhaus). Kinder sind bei der bildnerischen Gestaltung dieser Begriffe um keine Darstellung verlegen. Die Reihe können Sie jederzeit auf beiden Seiten auch von Kindern verlängern lassen, indem die Kinder einfach ihre Lieblingssubstantive nennen dürfen.

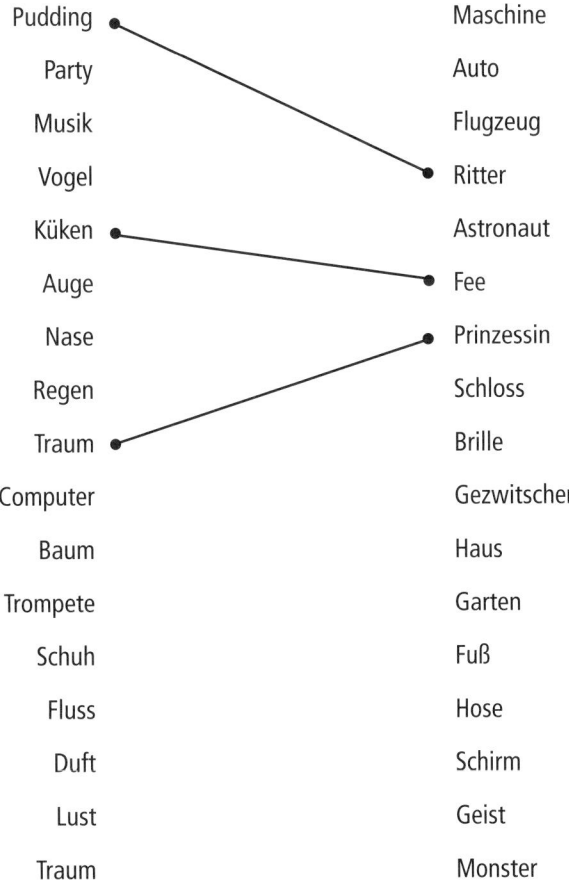

Pudding	Maschine
Party	Auto
Musik	Flugzeug
Vogel	Ritter
Küken	Astronaut
Auge	Fee
Nase	Prinzessin
Regen	Schloss
Traum	Brille
Computer	Gezwitscher
Baum	Haus
Trompete	Garten
Schuh	Fuß
Fluss	Hose
Duft	Schirm
Lust	Geist
Traum	Monster

Wie gehe ich mit Kinderzeichnungen um?

Darstellungen von Kindern sollten sie immer **wertschätzend** begegnen. Denn Bilder geben immer ein Stück Persönlichkeit preis. Dazu eignen sich verschiedene Methoden:

- **Gemeinsame Bildbesprechungen:** Alle Kinder dürfen sich gegenseitig ihre Bilder vorstellen und etwas zu ihren und den Bildern der anderen sagen.

- Wählen Sie gemeinsam mit den Kindern die gelungensten Bilder aus und präsentieren Sie sie als **Wechselausstellung im Klassenraum**. Dazu sollten Sie die Bilder rahmen. Wenn dies aus Kostengründen nicht möglich ist, sollten Sie zumindest ein Passepartout (Rahmen aus Papier) für das Bild anfertigen.

- Mit den Bildern der Kinder können Sie auch in die Öffentlichkeit gehen. Sicherlich sind in ihrem Ort **Ausstellungen in Kulturzentren** möglich. Sie können auch Geschäftsleute fragen, ob sie die Bilder der Kinder in ihren Schaufenstern ausstellen würden.

- Die Kinder können die **Bilder in einer Mappe**, die Sie mit den Kindern gemeinsam erstellt haben, **sammeln**. So dokumentiert jedes Kind seinen eigenen kreativen Werdegang.

- Immer gilt: Ist die Arbeit in Ihren Augen auch noch so schlecht, sollten Sie **motivieren** statt zu tadeln und zu kritisieren.

Wie kann ich Malen benoten?

Kunst zu benoten ist ein schwieriges Unterfangen. Dennoch können Sie eine strikte **Trennung** zwischen der Beherrschung einer **Methode/Technik** und dem freien, flexiblen, **kreativen Umgang** mit einer Aufgabenstellung ziehen. Deshalb rate ich Ihnen immer zu **zwei Noten**. Benoten Sie mit der einen Note das selbstständige Ausführen und das Wissen um eine Methode, so können Sie mit der anderen Note den kreativen, fantasievollen Ausdruck bewerten. Bei Letzterer können Sie folgende Punkte in die Note einfließen lassen: Sensibilität, Flexibilität, Assoziationsfähigkeit, die Fähigkeit, auch andere Lösungsmöglichkeiten in Betracht zu ziehen, sowie spontanes Umgehen mit der Aufgabenstellung.

Es gibt sicherlich auch Aufgabenstellungen, bei denen Sie nur die eine oder die andere Note geben können. Doch nur beide Noten zusammen im Mittel berücksichtigen sowohl das **handwerkliche Wissen** um eine Technik als auch die **kreative darstellerische Umsetzung**.

Erleichtern Schablonen dem Kind die Darstellungsschwierigkeiten?

Schablonen entspringen den Denkstrukturen vieler Erwachsener. Schablonen sind Resultate eines Denkens in vereinfachten Symbolen und in Vereinheitlichungen. **Schablonen machen gleich.** Wie reagieren Sie, wenn Ihnen in jedem Geschäft die gleiche Dekoration begegnet oder das gleiche Angebot gemacht wird? Sicherlich werden sie gleichgültig, schauen nicht mehr hin, das Interesse lässt nach. Ähnliches geschieht, wenn Sie Kinder im Alltag mit Schablonen und Vorlagen konfrontieren. Da Kinder viel genauer, detaillierter und naturgetreuer sehen und erleben als Erwachsene, fördern Vorlagen weder die Fantasie und Kreativität noch die Individualität. **Deshalb brauchen Kinder keine Schablonen**, die ihnen den Zwang auferlegen, Dinge so zu akzeptieren, wie sie erwachsene Augen sehen. Kinder brauchen **Gestaltungsfreiheit** um das auf Papier umsetzen zu können, was sie täglich erleben und auch verarbeiten müssen. Nur so erhalten Kinder die **Kreativität**, die es ihnen später ermöglicht, Probleme jenseits von Denkschablonen und Gestaltungsdiktaten zu lösen.

Wie erhalte ich originelle Ideen für Aufgabenstellungen?

Hier möchte ich auf die kreative Checkliste nach Osborne hinweisen. Folgen Sie gedanklich diesen Arbeitshinweisen, so erhalten Sie viele unterschiedliche Gestaltungsmöglichkeiten.

Am Beispiel „Stein" möchte ich Ihnen diese Aspekte verdeutlichen:

- Verwende den Gegenstand **anders**, z.B. male auf Asphalt.
- Was ist so **ähnlich** wie der gewählte Gegenstand (Material, z.B. Kreide)
- Kannst du am Gegenstand (Material) etwas **verändern** (z.B. behauen)?
- Kannst du dem Gegenstand (Material) etwas **hinzufügen** (z.B. bemalen)?
- Kannst du den Gegenstand (Material) durch etwas anderes **ersetzen** (z.B. Bauklötze)?
- Kannst du den Gegenstand (Material) **arrangieren** (z.B. sortieren nach Größe oder Klang)?
- Lassen sich Dinge am Gegenstand (Material) **austauschen** (z.B. Kieselsteine und Schiefer)?
- Kannst du verschiede Dinge (Materialien) **miteinander kombinieren** (z.B. Bauen von Steinmännchen)?
- Kannst du den Gegenstand (Material) **verkleinern** (z.B. durch Zermahlen)?

Ausstellung

Literatur

Arni, Kanachana; Wolf, Gita:
India Folk Art.
Mülheim 1996, ISBN 3-86072-291-3

Bostelmann, Antje; Matschull, Heiko:
Bananenblau und Himbeergrün.
Neuwied 1999, ISBN 3-472-03244-8

Egger, Bettina:
Malen als Lernhilfe.
Bern 1996, ISBN 3-7296-0150-4

Hofele, Uwe:
Kunst mit Kids.
Dortmund 1998, ISBN 3-8080-0433-9

Knieriemen, Heinz; Krampfer, Martin:
Naturfarben und Lehm.
Aarau 1999, ISBN 3-85502-623-8

Kohl, MaryAnn F.; Potter, Jean:
Malerisches Lernen.
Mülheim 1994, ISBN 3-86072-165-8

MaryAnn F. Kohl:
Das Kunst-Ideenbuch.
Mülheim 1996, ISBN 3-86072-264-4

Krempien, Christiane:
50 bildnerische Techniken.
Weinheim 1994, ISBN 3-407-55841-4

Merz, Martin:
Kreativ mit Form und Farbe.
Linz 1998, ISBN 3-464-21859-7

Schottenloher, Gertraud:
Kunst- und Gestaltungstherapie.
München 1995, ISBN 3-466-34226-6

Seitz, Rudolf:
Kinderatelier.
Ravensburg 1986, ISBN 3-473-41099-3

Seitz, Rudolf:
Fantasie & Kreativität.
München 1998, ISBN 3-7698-1047-3

Seitz, Marielle; Seitz, Rudolf:
Rot, Gelb, Blau.
München 1998, ISBN 3-7698-1102-X

Wierz, Jakobine:
Große Kunst in Kinderhand. Mit allen Sinnen
Farben und Formen spielerisch erleben.
Ökotopia Verlag 2000, ISBN 3-931902-57-9

Dies.:
Keine Angst vor Mona Lisa.
Wiltingen 1999, ISBN -3-929394-24-3

Zeitschriften

Kunst und Unterricht, 226 – Oktober 1998,
Gemeinsam Bilder herstellen.

Kunst und Unterricht, 223/224 – Juni/August 1998,
Praxis und Konzept des Kunstunterrichts.

Kunst und Unterricht, 214 – August 1997,
Malen experimentell.

Verlag an der Ruhr

Postfach 10 22 51
45422 Mülheim an der Ruhr

Alexanderstraße 54
45472 Mülheim an der Ruhr

Telefon 02 08/49 50 40
Fax 02 08/495 0 495

bestellung@verlagruhr.de
www.verlagruhr.de

Es gelten die Preise auf unserer Internetseite.

■ Aber ich hab doch zwei linke Hände!
Werken unterrichten für „Ungeschickte"
Jakobine Wierz
Kl. 1–5, 169 S., 16 x 23 cm, Pb.
ISBN 978-3-8346-0001-1
Best.-Nr. 60001
17,– € (D)/17,50 € (A)/29,90 CHF

■ Aber ich kann doch gar nicht textil gestalten!
Textilgestaltung unterrichten für „Luftmaschenhäkler"
Jakobine Wierz
Kl. 1–5, 172 S., 16 x 23 cm, Pb.
ISBN 978-3-86072-725-6
Best.-Nr. 2725
17,– € (D)/17,50 € (A)/29,90 CHF

■ Aber ich kann doch gar nicht singen!
Musik unterrichten für „Unmusikalische"
Jackie Silberg
Kl. 1–5, 175 S., 16 x 23 cm, Pb.
ISBN 978-3-86072-444-6
Best.-Nr. 2444
17,– € (D)/17,50 € (A)/29,90 CHF

■ Aber ich kann doch gar nicht Sport unterrichten!
Überlebenshilfen für „Vollverkrampfte"
Birgit Gegier
Kl. 1–4, 172 S., 16 x 23 cm, Pb.
ISBN 978-3-8346-0308-1
Best.-Nr. 60308
17,– € (D)/17,50 € (A)/29,90 CHF

Fachfremd unterrichten!